偏差値70の甲子園

僕たちは文武両道で東大も目指す

松永多佳倫

集英社文庫

目次

偏差値70の甲子園

僕たちは文武両道で東大も目指す

第０限　はじめに

これこそ垣間見《かいまみ》た瞬間だったような気がする。

今から四年前の二〇一六年（平成28年）日本シリーズ第六戦で、北海道日本ハムが4勝2敗で日本一になったときだ。恒例のビールかけのあと、フジテレビ『スポーツLIFE HERO'S』で中田翔《なかたしょう》と大谷翔平《おおたにしょうへい》（現エンゼルス）の投打の主軸がインタビューを受けていた。松坂《まつざか》世代でもある慶應大元四番打者の田中大貴《だいき》アナウンサーが、

「来年の野望を教えてください」

と質問したところ、中田が少しきょどった顔をしながら、

「ヤボー!?」

強面《こわもて》で知られる中田の顔が不安げになり、目も微《かす》かに泳ぎ、すかさず隣りにいた大谷に聞く。

「〝ヤボー〟ってどういう意味？」

大谷は苦笑しながら、

「夢や目標みたいなもんじゃないですか」

答えを聞いた中田は、何事もなかったようにインタビュアーに対し来年のヤボーを答える。その間、大谷はずっと笑いを堪《こら》えていた。

すべてのインタビューが終わったあと、両肩をストレッチのように前後に動かしながら大谷が笑顔で口を開く。

「野望を知らなかったことにビックリしました」

完全に見下した発言だった。

公共の電波を通じて、プロ野球選手の知識のなさ加減というか、おバカぶりが遺憾なく発揮されたのだ。

局側も面白シーンとして堂々と流し、テロップにも〝ヤボー!?〟とカタカナ表記にするなど悪意に満ち満ちていた。芸人ナイツの〝ヤフー〟を〝ヤホー〟に間違えるネタかのような〝ヤボー〟表記。〝ヤボー〟を知らない中田を知ってしまった以上、今後現場で彼に会ったとき、私はさらに畏怖の念を抱くに違いない。

常識とは、人間の本性を見極める秤《はかり》のようなものだ。常識を知らない人間ほど怖いものはない。街を歩いていても、誰が見てもわかるヤクザよりも、見た目怪しい酔っぱらいのおじさんのほうが恐怖を感じるときがある。いきなり何をしてくるかわからないからだ。

いろいろなアスリートがいる中、プロ野球選手だけが際立って知識が乏しいように思えて仕方がないのは私だけだろうか。幼いときから野球しかやらず、特待生、推薦制度で高校、大学へと進み、勉強はそっちのけ。そりゃあ常識を知らないのも無理はない。

こんなことを堂々と偉そうに書ける私も相当な頭の悪さであるが、超人的な能力を持つプロ野球選手に比べれば幾分常識はあるほうだと思う。だからなのか、〝文武両道〟という言葉がものすごく尊い響きに聞こえてくるのだ。

プロ野球界の大半がおバカと一刀両断してしまったが、メジャーはどうだろうか。

現役のメジャーリーガーの中には、引退後を見越して現役中に大学に通って学位を取る人もいる。ブルージェイズのスターターであるマーカス・ストローマン（25）は、二〇一五年のスプリングキャンプ中に膝の前十字靭帯《じんたい》断裂でそのシーズンをほぼ棒に振った。ストローマンは長い怪我《けが》のリハビリと並行して、卒業できていなかったノースカロライナ州にある名門デューク大学社会学部で学び直し無事に卒業した。

また、メジャー13年の大ベテラン、ニューヨーク・メッツのカーティス・グランダーソン外野手（35）は、マイナーリーグにいた時期に、練習や試合の合間に勉強し、監督室で特別に大学の試験を受けるなどして、イリノイ大学シカゴ校でビジネス・マネジメントとビジネス・マーケティングの学位を取得。

日本でも、一九七五年（昭和五十年）広島初優勝の主軸だったゲイル・ホプキンスは、医師を志していたため試合前に広島大学で実験を行い、休みのときは医学書を読んで勉学に勤《いそ》しみ、現在はオハイオ州で病院を開業し、整形外科医として多くの患者と接している。

メジャーの選手だと、大学からプロ入りしたケースでも、ドラフトで指名されれば、卒業せずに入団する選手が多い。そのせいか、学位を取得している選手はほとんどいないという。ひと昔前の日本でも、大学出という一流選手が何人もいるが、きちんと卒業をした選手はその半分以下であろう。

話を戻すと、メジャーではドラフトした選手と契約する際に、球団側が契約金や年俸の他にオプションとして学費補助の契約を結び、大学の学位取得のサポートを施すという。学位を取得すれば必ず引退後の人生に役立つというわけではないが、グランダーソンがビジネス系の学位を持っていることで、大リーグ機構が行うプログラムで国際親善大使に任命され、シーズンオフになると海外等に活動の場を広げている。

日本でも、新人研修のときに選手会が大学での通信教育がいくつもあることを説明し、積極的にサポートしようと試みている。日本もようやくという感じだ。

今回の『偏差値70の甲子園』は、高校野球において〝文武両道〟をテーマにすることは前作と変わらないが、あえて東大野球部に入るような球児たちに着目してみた。

日本人はとにかく東大と甲子園が大好きだ。ほとんどの人が行けるのであればどっちも行きたいであろう。しかし、ほとんどの人がどちらにも行けない。だから大好きなのだ。

だが人は、甲子園好きを公言しても、東大好きを公言しない傾向がある。なぜか。それはプライドがあるからだ。自分をバカだとは認めないのが心理であり、東大卒と並べば明らかに自分がバカだと露呈するから、極力東大とはかかわらずに遠くで眺めているだけでいいのだ。片思いをする内気なオタク野郎と一緒だ。

自分をバカだと認めたほうがよっぽど楽なのに、なぜバカと認めたがらないんだろう。そういう私も三十代まではバカと認めず、むしろ頭が良いと思っていた。だからバカなのだ。しかし、四十路《よそじ》で大学に再入学してみるとあらためてバカさが目立ち、もう認めざるを得なくなった。すると、どうだろう。憑《つ》き物《もの》が落ちたように身も心も軽くなったのだ。バカなのに頭の良いふりをしていることがどれだけしんどかったんだろうか。

話が大きく逸《そ》れてしまったが、とにかくバカの対極にある秀才たちが集まる東大に行く人になぜか興味を持った。自分には一生縁がなく、何代続くかわからない子孫にもきっと縁がないであろう東大に、憧憬《しょうけい》の念を持っている。その日本最高学府である東大の野球部に入りたい球児たちの心の内を覗《のぞ》いてみたいと思った。

高校野球は、丸刈りという画一性、根性という非科学性、そして仲間の絆《きずな》という神秘性を含んだ日本古来の伝統芸能のようなものに思えて仕方がない。その高校球児たるものが、時に寓話《ぐうわ》的な産物に思えてしまうのは私だけだろうか……。

最後、いつものようにとっちらかってしまったが、頭が良いとされる球児たちの熱情の真意をどうか感じとっていただきたい――。

第1限　神奈川県立湘南高等学校

Always do what you are afraid to do.

最も困難な道に挑戦せよ

全国高等学校野球選手権大会優勝

〝湘南《しょうなん》〟という響きだけでサザンのメロディーを思い出し、サーファーでもないのにサーファー気分になってしまうのは、勘違いというよりきっと頭が悪いからだ。

そもそも湘南とは、神奈川県相模《さがみ》湾沿岸を指す名称であるが、地元の人に言わせれば片瀬海岸、鵠沼《くげぬま》海岸、江ノ島あたりだけを指すのだとか。

〝湘南〟と聞いて『湘南爆走族』が思い出されるのは四十代以上の層。『少年KING』（少年画報社）で一九八二〜八七年まで連載していたいわゆるヤンキー漫画であり、八七年には映画化され、江口洋介、織田裕二のデビュー作でもある。相も変わらずマニアックなことをせっせと書き記しているうちに、現在『週刊ヤングマガジン』で連載中の『GTOパラダイス・ロスト』の前身でもある『湘南純愛組！』を思い出してしまうなど、湘南を舞台にした文学、映画、ドラマ、歌詞は山ほどある。

湘南と聞いて、夏目漱石の『こころ』、石原慎太郎の『太陽の季節』を思い出せなかったところが、偏差値50前後の筆者の浅薄さだ。こんなどうでもいい導入部を書くとまた担当編集にドヤされるが、そんなのおかまいなしだ。とにかく湘南という地域はただロケ地に最適だというだけではなく、人を魅了する空気に満ちているのは確かである。

小田急線藤沢本町駅から県道43号線の〝湘南高校入口〟を左折し、しばらく歩くと、右手に湘南高校の入り口が見える。少し急勾配の坂を登っていくのだが、左側に整備されたグラウンドが見え、俯瞰《ふかん》で隅々まで見渡せ非常に壮観である。80メートルあたりの坂を登り切ると近代的な校舎がパッと目に入る。瀟洒《しょうしゃ》というか荘厳というか、纏《まと》っている空気が肌を通じて感じられた。

湘南高校は、一九二一年（大正十年）、神奈川県で六番目の旧制中学校として開校した。一九四八年（昭和二十三年）、学制改革により神奈川県立湘南高校と改称する。開校の起源を辿《たど》ると、湘南地方に海軍高級士官の子弟が多いことから、開校された由緒ある名門中の名門なのだ。

校門を潜《くぐ》って斜め右あたりに、二〇一二年（平成二十四年）二月、1億円以上の募金により建設された「湘南高校歴史館」がある。館内は白とクリーム色を基調とし、学校の歴史、ＯＢの成果、さらに生徒の視聴覚室的な役割を持つ部屋もあるなど、伝統と気品を感じさせる造りになっている。

掲示板には、大きな木に見立てて、分野ごとに色分けされたＯＢの名前が列記されているが、見覚えがある御歴々の方たちばかり。13年半にわたり東京都知事を務めた石原慎太郎、二〇一〇年ノーベル化学賞を受賞した根岸英一、森ビルの森稔《みのる》、女性キャスターの草分け的存在の宮崎緑などなど、書き出したらきりがないほど各界で多大な功績を残すＯＢ、ＯＧ。

感嘆の声を漏らす暇もなく振り返ると、ガラスケースに後生大事に保管されている優勝旗とレリーフが嫌でも目に入る。〝栄冠は湘南に輝く──全国優勝の記録──〟というタイトルコーナーで、目を凝らすとサッカー部が一九四六年、戦後初めての全国大会である第１回国民体育大会で全国優勝。そして野球部が一九四九年、全国高等学校野球選手権大会で優勝。甲子園優勝旗のレプリカとレリーフ、サッカーの優勝カップが燦然《さんぜん》と輝いている。

サッカー部は国体で優勝、野球部が夏の甲子園で優勝と、二大花形運動部が全国制覇、さらに偏差値70以上で毎年東大合格者を10人以上輩出している高校といえば、この広い日本を見渡しても湘南高校ただ１校だけである。

余談だが、一九五八年（昭和三十三年）二月下旬に大規模な火災が発生し、本舎本館、柔道部の道場、運動部部室、文化部部室等が焼失し、本舎本館にいたっては全焼。その際、教員たちは何よりも甲子園優勝旗をいち早く持ち出すことに必死だったという。来年（二〇一八年）で夏の甲子園は１００回大会だが、複数年優勝校もあるのでたったの59校しか夏の優勝旗を持っていないのだから、どれほどの価値があるかは言わずともわかるだろう。

全国高等學校野球選手權大會
朝日新聞社
優
勝
神奈川縣立
湘南高等學校
VICTORIBUS PALMAE
甲子園 優勝メダル

長年取材していると、取材対象の返答をある程度予測してしまうことが多々ある。このときもそうだった。しかし思ってもみない答えが返ってきて、少し戸惑った覚えがある。

進学校の指導者から選手たちの特徴について、飲み込みが早い、理解力があるといった声をよく聞くが、湘南の川村靖《やすし》監督は威勢良く「普通の高校生と変わらない」と断言する。

「勉強ができるからひねくれているのかと思っていたので、素直な姿勢にはちょっと驚きました。逆に物足りないところでもある。年配のOBの方たちの説教や苦言に、『はいはい』と返事をしても、後ろでべーって舌を出すようなやつなんかひとりもいない。ある意味、良いところでもあり、悪いところでもある。あまり表に出さないけれども、負けず嫌いであるのは間違いない。どこの進学校でもそれぞれの中学校で一番だったやつが集まってくるんだから、負けず嫌いでないわけがない」

日焼けした顔に刻まれた皺《しわ》が年輪を感じさせ、大工の棟梁《とうりよう》的な職人気質の川村監督は、近寄り難い独特のオーラを発する。久しぶりに見た昭和の熱血高校野球監督像だ。

湘南という超進学校に来る生徒の負けず嫌い気質をうまくくすぐることで、勉強だけでなく野球でも一番になれると本気で思わせるのが指導者の仕事だという。進学校に来る生徒特有の弱点もハッキリしている。

負けず嫌いのくせに100点を目指さなくて、90点、80点でいいと自分で勝手に合格点を出してしまうところや、自分は正しいと思い込んでいるやつ。部分点で点を取っていても横浜に勝てるわけがない。ストレートに感情を出し、野球でも一番になるため常に100点を狙わなければ、全国一の激戦区神奈川で勝ち抜けるはずがない。

進学校といえば良家のお坊ちゃんたちが集まり、感情を表に出さずスマートに生きているイメージがある。ましてや湘南であれば海に面した閑静な高級住宅地から通うボンボンの集まり。そんな中に、ストレートに感情を表に出し、勉強でも野球でもナンバーワンを目指した昭和のサムライのような男が現れた。

東京大学エース宮台康平

プロ野球よりも歴史がある華の〝東京六大学〟。起源は、一九〇三年（明治三十六年）、日本の大学野球の先駆者的な立場であった早稲田大学と慶應義塾大学の対抗戦（早慶戦）が行われたのが発端であり、やがて明治、法政、立教が加わり、そして一九二五年秋に東京帝国大学（現在の東京大学）の加盟により、東京六大学野球連盟が発足。戦前戦後の早稲田と慶應の対抗戦こそ、日本の野球を大衆娯楽として浸透させ、東京六大学の人気を不動のものとした。

その歴史ある東京六大学で、いまだ優勝がない東京大学。二〇一五年五月二十三日、法政一回戦で勝利し、94連敗というリーグワースト記録を止めたことがニュースになるほど、東京六大学の中で東大1校のみ異空間のレベルにいる存在。それが、である。二〇一六年春季リーグ、突如として東大が脚光を浴びたのだ。四月九日開幕戦、早稲田対東大。通常なら早稲田が順当に勝利を収めるのだが、8回が終わっても0対0、早稲田が打ちあぐねている。東大のピッチャーは、湘南出身の三年生サウスポー宮台康平《みやだいこうへい》(現北海道日本ハム)。結局、9回2アウトから長短打を浴びサヨナラ負けしたが、全国からスポーツエリートが集まる早稲田から毎回の13三振を奪う。

翌週十六日の明治一回戦は9回1アウトまで無失点、サヨナラスクイズを決められ負け投手になったが、早稲田、明治という格上相手に2週連続好投。五月七日の立教一回戦で完封、続く二十一日法政一回戦では2戦連続完投し2勝目を挙げる。チームとしてもシーズン4勝。「赤門エース」として、一躍ドラフト候補に躍り出る。

実は、湘南と東大野球部は因果とは言わないまでも、歴史的に密な関係をもった時期がある。一九七七年(昭和五十二年)春季リーグ、このとき法政がエース江川卓《すぐる》(元巨人)を筆頭に連覇中(七六年春~七七年秋　他校に勝ち点を落とさない完全4連覇)のとき、東大は30年ぶりに4位に躍進。このときのエースが、湘南OBの西山明彦(現関西外大監督）。東大投手初の2試合連続完封勝利を記録し、三、四年時は全試合に登板という驚異のスタミナの持ち主だった。このときの東大レギュラーに、今井文英、野村雅道、富田裕、松田治人と湘南ＯＢが４人も名を連ねていた。おまけにエースが西山。まさに東大野球部は湘南ＯＢで構成されていた。

「おっ！」

宮台と初めて会ったとき、少なからず圧を感じた。普通の学ラン姿だったが、横の厚みが違っていた。

高校時代と大学、社会人、プロと比較して圧倒的に違うのは、誰が見てもわかるような〝身体の作り〟。いろいろなスポーツがあるが、野球と相撲は絶対体重が多いほうが有利なスポーツといえる。相撲は説明するまでもないが、バッティングに関しては体重の重いほうが飛距離は伸びるという科学的データが出ているほどだ。メジャーはピッチャーの上半身まで筋骨隆々で、スピードボールを投げるにはパワーが必要というのがポピュラーだが、日本はそうではない。ある程度の身体から鞭《むち》のようにしなる細めの腕を使って投げるというのが一般的な考え方。これは単純に民族の身体の作りの違いであり、日本人には日本人に合ったやり方があるので、メジャーのようになんでもかんでも身体をビルドアップするのは賛成しかねる。

「練習の量ってあんまり増やせないですけれども、食事ってやっぱり普段のものだから変えようと思えば変えられる。高校時代から、いっぱい補食とか食べれば良かったとちょっと後悔してます。結果的に今大きくなったから思うんですけれども、絶対に体重があるほうがいいよなとは思いました」

下半身を中心にどっしりと体幹が強い身体に生まれ変わった宮台は、高校時代の自分を振り返って語る。今は東大野球部寮にいて、きちんとカロリー計算された食事が出されている環境だが、高校時代は自宅から通っていたため、どうしても親の協力が必要となってくる。高校生の身体作りは、いろいろな意味で難しい部分があるのは否めない。

宮台は東大に入って身体を作り、ウエイトアップしたおかげで、スピードもアップしたと断言する。高校時代はＭＡＸ１３０キロ中盤だったのが、大学三年初夏にＭＡＸ１５０キロを計測。フォームはほとんど変わっておらず、変わったのは明らかにウエイト。

「練習はできる時間が決まっているし、そこまで一気にやれるものじゃないけれども、体重は頑張ろうと思えばいくらでも努力できるじゃないですか。プロテインを飲むとか。伸び幅としては、身体が一番大きいかなと思います。技術は本当に練習が必要で、積み重ねが大事であり、上手《うま》い人たちに追いつくとしたらまず体格だと思うんです」

ただ体重を増やしただけではなく、体格をしっかり作っていったことで、１５０キロのスピードボールを投げられるようになったと自負する。宮台の良さは、１７８センチ、83キロのバランスのいい体格から繰り出す重いストレートと、テークバックが小さく踏み込んでから身体の左右を切り返して一気に腕を振るスピード。バッターからすると、途中からボールが見えてくる感じで、実際のスピードよりも体感スピードは上のはず。

ウイニングショットのクロスファイアーは、バッターの手元で大きく変化する。左投げの宮台から放たれる球に、特に右打者は反射的にのけ反ってしまう。高校時代と比べると、フィニッシュが大きくなっているのは速い球を投げた反動のせいで、まだまだ体幹が弱いためしっかり止まれない部分がある。負担を軽くするためには速い球を投げたあとの力の逃し方が重要。

二〇一六年秋季リーグでは、右肩痛のため登板は1試合。今は連投に耐えられるフォーム作りと体幹強化のため日夜トレーニングに励んでいる。

曲がりなりにもと言ったら失礼だろうか。華の東京六大学である東大野球部で3年間練習をした宮台。今だからこそ湘南野球部の練習を振り返って思うことがあるのかを聞いてみた。

「良かったのはきつかったことです。やっぱりきつい練習をやっておいて良かったと思いました。どこかで一回上を見ておかないといけない。大学って自主性があるので、自分たちで練習メニューを組む。自分たちできついのをやるのは嫌じゃないですか。でも一回湘南でやっているからそんなに嫌じゃないし、必要だなってわかっているからきついメニューも自らやることができる」

湘南での冬メニューのサーキットトレーニングは、心底きつかったと話す宮台。サーキットやってランニング、キャッチボール、ペッパーを繰り返しずっとやる。ひたすら基礎トレーニング。「なんだこれ？　終わんねえぞ」と思わせるほど、目標タイムを切るまでボール回しを永遠にやり続けるとか、今思えば理不尽な練習メニューもあった。

大学生にやれと言っても、無駄と思い自分からは理不尽なメニューはできない。高校はあえて無駄なことをやらせる。10本やったら一回戦、20本やったら二回戦、30本やったら三回戦、１００回やったら甲子園と仮想の目標を立て、いたずらに40本も50本も１００本もやらせるというのは、結局強いハートを作りたいから。合宿においても夜中の1時に寝て、次の日の朝6時から練習するのは、高校生しかできない。ある程度の強制力をもって非合理的な練習を高校生のうちにやる。それが肉体的というよりも精神的に必ずや血となり肉となる。

「技術的な細かいことではなく、やっぱり気持ちの面で指導してもらったことが今思うと大きかったです。中学まではどこかなあなあで野球をやっていたけれども、高校野球は甘くなく、甲子園って簡単に言えるものじゃない。甲子園を目指すのだったら覚悟を決めないといけないし、勉強を言い訳にしちゃいけない。川村先生は本気で目指しているから僕たちにも高いレベルを要求するし、気持ちの面にしても強く鍛えてくれた。だからこそ絶対負けたくないという思いに駆られました」

川村監督は宮台の世代を初めて見たときに、精神力の弱さというより勝つという意欲が希薄に思えた。勝つという意識があってもそれが具現化できず曖昧であり、進学校ゆえに負けてしまってもしょうがないという心の隙を見たのだ。

技術云々《うんぬん》を教えるよりも心を鍛えることから始まった。試合後のミーティングにしても、口やかましい中に〝おまえらもっと頑張れよ〟というエールを送り続けていた。ただ負けん気の強い宮台は、川村監督から言われる言葉を素直に聞く反面、勝ちたいという秘めた思いが強かった分、悔しくてたまらなかった。その悔しさの分だけ日誌に書きなぐった。

「湘南から東大へ行っても状況はさほど変わらなくて、弱者が強者に挑むという構図じゃないですか。だから、気持ちの面で絶対負けちゃダメだし、やる以上は対等で絶対負けないっていう気持ちが大事です」

三年春ベスト8が最高

宮台の父・忠は、神奈川県屈指の進学校横浜翠嵐《すいらん》の強肩強打の捕手として鳴らし、立教を経て神奈川県の教諭となった縁で川村監督を知り、宮台康平が高校進学のときひとつの選択肢として湘南高校を勧めた。川村監督によれば、戸塚中学では野球で目立った成績を残していないが、そこそこいい左腕ピッチャーで成績も優秀という評判だったという。

二〇一一年、湘南高校に満を持して入学した宮台は、軽い怪我もあって春先出遅れた。一年春、まずは硬式球に慣れるということで、焦りもない中で台頭してきたのが同じ一年生のサウスポー山田浩太郎投手（慶應－旭化成）。上背は170センチそこそこだが、キレのある球とコーナーに決まる抜群の制球力が武器で、一年夏には背番号10の二番手として堂々ベンチ入り。

「宮台はセンスがあり、山田は努力を惜しまない」という川村監督の評価通り、二人はそれぞれのスタイルを駆使して競い合う。

中学時代、仙台で過ごした山田は父の転勤に伴って湘南へ入学。グラウンドにいたのは、同じサウスポーの宮台だった。

「初めて見たときの印象は、正直ピッチャーとしての脅威は感じられなくて、カーブがいいなという程度でした」

山田はこともなげに言う。強がりではない。現に山田は宮台より先に一年夏から登板の機会を堂々と与えてもらっていた。

「練習量をこなすことを周りに見せつけることで、自分なりにチームを引っ張っていこうと思っていたので、練習量では負けていなかったと思います」

自他ともに認める山田の練習量は、宮台も舌を巻いた。湘南から鵠沼海岸までおよそ4・5キロの道のりを往復1時間以内で走り抜け、校舎から80メートルの坂道ダッシュを最多で一日100本走るなど、足腰の鍛錬とスタミナをつける毎日を過ごした。天性のセンスを持っていた宮台は、山田の練習量と努力する姿勢を見て負けたくない気持ちとは裏腹に、チーム内で初めて認める存在として意識し始める。

二人の好左腕が県立湘南高校野球部を引っ張る形となり、二〇一三年春季大会、ベスト8進出を果たす。準々決勝の相手は強豪東海大相模。3対0で敗退。数字だけを見れば善戦に見えるが、実際は点差以上の完敗だった。相模打線を3点に抑えたのは良しとして、湘南の攻撃は無得点だったが惜しかった無得点ではなく、どうにもならない無得点だった。7回まで東海大相模先発の青島凌也《りようや》（東海大－Ｈｏｎｄａ）のストレート、変化球のコンビネーションが良く9奪三振、そして8回から、入学してまだ一カ月にも満たない新一年生のサウスポー小笠原慎之助《おがさわらしんのすけ》（現中日）がマウンドに上がり、1回を無安打奪三振1という大器の片鱗《へんりん》を見せる。

湘南野球部には部員全員で回している野球ノートがあり、宮台が書いたノートを見ると、ストレスをぶつけるかのような強烈な言葉が並んでいた。

『一年生の意識が低い。一カ月後は大会だぞ。今日の話ではないが、ボール回し、レベルが低すぎて笑ってしまう。ちゃんと塁間に投げようって小学生か、お前らは。情けない、かっこ悪い。そのくせ盛り上げようとはしない。ただやっているだけ。前のページを見てもわかるが、一日中練習をやって書く量はそれだけか？　考えている量が少ない証拠だ』

『ピッチャーをやっていて野手にエラーされるとむかつく。当たり前だ。でも自分のピッチングに非はないのか。確かにボールが多いと思う。それで野手の集中力が切れているのなら変えたほうがいいだろう。でも一方で今の内野ではゲッツー狙いなんてできない』

毎日ではないものの、チームを鼓舞する目的のためか、時おりバッシングに近い言葉を書き散らす。

「宮台が書く野球ノートは、チームにとってプラスでした。本音で書いている部分と、チームのためにと思う部分がうまく融合しているのがわかります。直接名指しされたやつもそれを見て奮起したりしたので〝あり〟だったと思います」

ライバルの山田投手は、宮台の野球ノートがチームにとって起爆剤になるものだと信じ、他のチームメイトも同様に感じていたという。川村監督が言うには、

「高校のとき宮台に、『おまえはヒールだから、悪役だから、そのまま行け、辛口で行け』とけしかけた。山田浩太郎は癒し系で、もともと持っていたものとちょうどいい感じで、あの二人はチームを引っ張っていったね。宮台には『発言しろ、おまえは変えるなよ。それがチームのためになるんだ』って言ってね。結局、周りにそういうところまで言えるやつはいなかった」

チームに苦言を呈するには、ある程度力がないと意味がない。どんなに利口でも、下手で試合に出てないやつが言っても「おまえ、何なの!?」となる。宮台が発言することでチームに活《かつ》が入り、二本柱の山田がいることで宮台のワンマンが際立たなくなり、宮台も自由に発言しやすい環境にあった。

宮台康平と山田浩太郎、同じサウスポーだが性格はまったくの正反対。勝ち気で闘志

を前面に出す宮台と、熱い炎を心の内に秘めて和やかな笑みを浮かべる山田。しかしこの両輪は故障等が伴い、揃《そろ》って活躍するのは高校三年になった春季大会。1戦ごとに代わる代わる先発を任され、ベスト8進出。この勢いのまま、高校野球最後の夏の大会を迎える。

第3シードの湘南は、二回戦鎌倉を宮台が先発して7回無失点、7対1で初戦突破。続く三回戦県立海老名は山田が先発して6回4失点で降板、7回から宮台がマウンドに上がって無失点で抑えるものの、4対1でよもやの敗戦。宮台の最後の夏は呆気《あっけ》なく終わった。

高校野球が終わった翌日、宮台はグラウンドに来ていた。後輩たちのバッティングピッチャーを買って出て、黙々と投げていた。不完全燃焼だった夏の大会の思いを振り払うかのように、一心不乱に投げ込んでいた。

「あのときが高校生活最高のボールを投げていたと思います」

宮台は胸を張って真っすぐな視線で話す。

宮台がバッティングピッチャーをやっているのを校舎から見ていた人間がいる。

山田浩太郎だ。

「さすがに海老名に負けて野球が嫌になっていたときに、ふと教室からグラウンドを見ると宮台が投げているんです。不完全燃焼だったんでしょうね、『ああ、俺のせいだ』

MIZUNO

と思いながら、しばらく見てました。すげえ速いボールを投げてました」

山田は、夏の大会は自分のせいで負けてしまったと嘆き戒めた。このとき山田は本気で野球を嫌いになりそうだったという。

宮台のワンマンチーム、もしくは宮台、山田のツーマンチームと揶揄《やゆ》されながらも春の大会でベスト8と結果を出し、夏の大会も期待されたが二回戦で敗退。宮台と山田の高校野球は終わり、彼らのストーリーは次のステージへと持ち越された。

宮台にとって湘南時代、甲子園に本気で行けると思っていたのかどうか、聞いてみた。

「目標は甲子園と口では言っていましたけれども、やっぱり相当難しいと……。正直、当時は行けると思っていない。でも目指しますよ。けれども現実的には厳しいっていういわゆる冷めた目線もあって、でも行きたいという気持ちはもちろんありましたから、口では甲子園と言いますけど……」

三年春にベスト8に行ったことでちょっと満足した自分がいた。今までに比べればベスト8は十分な成績だし、当時の実力でベスト8はかなり評価していいものだと思った。

「結果しか見てないですが、昨今のチームは桐光（二〇一六年春季大会二回戦）にも先制して、慶應（二〇一六年秋季大会三回戦）にも先制して、五分五分で入っているんです。そこがもう違います。喰《く》ってやるっていうだけでも、それはいわゆる成功体験じゃないですか。僕たちはそういうことができなかった。なんとか公立に二つ勝って、次は私立と当たって先制されるような感じ。現実的に甲子園は見えなかったですが、今は甲子園がちょっと見えていると思います。僕たちより本気で甲子園に行こうって思えるんだろうなって……」

実際、神奈川を勝ち抜くことがどれだけ困難なのか、具体的に話してもらった。

「公立だけに勝ってベスト8まで僕は行ったので、そこまで行けるとします。準々決勝で勝てなかった東海大相模がいて、それを含めてあと3試合勝たなくてはならない。東京六大学に置き換えると、法政や明治に三つ連続で勝つってことです。ひとつ勝つことはできると思うんですけど、三つ連続となると、勝ったことがないから想像がつかないです。三つ連続で勝つというのがどのぐらいの確率なのかなと思うと……、どうやったら勝てるかっていうのはわかんないですが、ものすごく大変なことだと思いますね。未知の領域です」

宮台の世代は、スコアブックを見てもサードゴロ、ショートゴロがなかなかなかったという。

「(宮台) 康平のときは、セカンドゴロはアウトになりますが、サードゴロはアウトになりません。ショートゴロというのもない。一生懸命やるんですよ。だけれども、ゴロが飛んだときパッとショートを見たときに、もうちょっとアウトにしてくれればなっていうのが……」

川村監督は笑いながら言う。ノックをしていても、サード、ショートの捕球、送球がままならない。でも層の薄さによりままならないやつを出さざるを得ない。外野はなおさらひどかった。

「頑張っているんですよ。頑張った結果、三年の春になってやっとそこまでできるようになって、それは良かったと思いました。伸び率でいったら相当上手くなったと思いました。ただ客観視したら、確かにレベルは低かったので大変でした。アウトはフライか三振かって感じで、普通にさばくんですけどエラーがちょくちょくあるというか、1試合必ず1個か2個エラーがあるので結構きつかったです」

聞いていて驚いたというか、口をあんぐりするとはこのことかと思うほど、呆気に取られた感じだった。宮台自身は、「進学校はこんなものなのかな」と割り切っていた部分もあり、1試合に1、2個エラーするのはもう当たり前だと思っていた。チームは弱小であるが、進学校だからこそ注目される環境であり、弱いとされる進学校の奮戦している構図が世間で受けるのが実情。それが宮台の武器であり、勉強と野球と合わせて一本だと思っている。

「宮台が抑えて宮台がタイムリーを打つと、ワンマンチームだってチームが怒られる。考えてみたらひどいですよ。活躍してんのに怒られる。でも、それではチームが勝てないから〝じゃあ僕、打たなきゃいいんですか〟っていう話になってしまう」

外野の声に対して奮い立つ人間と、「ああそうですか」と流す人間がいる。宮台は間違っていることに対し「これはダメでしょう」、「こんなのムカつかないか」とハッキリ言葉に出して言う。勝負は奮い立つやつが多ければ多いほどいい。いい意味で反発し、それがエネルギーとなる。

侍ジャパンそしてプロ表明

二〇一六年六月十九日、第40回日米大学野球選手権大会に出場する侍ジャパン24名に、東大から宮台が選出された。実に東大からは33年ぶりのこと。

「ジャパンに選ばれたことはいろいろな意味で勉強になりました。やっぱり要求水準が東大とはもう全然違います。ジャパンのピッチャーとして見られるわけですから、プレッシャーは大きかったです。東大だったら許されることがジャパンだったら許されないわけですから」

マスコミは色めき立つ。ただでさえ〝東大ブランド〟が強い日本において、一番の大衆娯楽である野球でドラフト1位級の実力を持った東大投手が現れたのだから、マスコミが放っておくはずがない。NHK、民放、週刊誌、スポーツ新聞が報道態勢をとり、宮台は時の人となる。

「プロに行った人は、明治の柳さん（裕也　現中日　ドラフト1位）とか、桜美林《おうびりん》の佐々木さん（千隼《ちはや》　現ロッテ　ドラフト1位）とか、立教の田村さん（伊知郎《いちろう》、現西武ドラフト6位）とかいっぱいいたんですけれども、ものすごく気持ちと身体が強いですね。6日間で5戦やり、僕なんか1試合しか投げていないんですけれども、柳さん、佐々木さんともに2試合、田村さんは3試合を投げ、とにかくタフなんです。本当に気持ちも強いし、2勝2敗になったときも〝もう切り替えろ、全然大丈夫、明日も行くぞ〟みたいな感じで、小さい頃からずっと勝負してきた人間のマインドなんだなと思いました」

明大のエースだった柳が、東大ではあり得ない重責をいつも背負いながら、飄々《ひょうひょう》と投げているタフさにただただ感服するしかなかった。宮台は大学トップ選手のメンタル、身体の強さを目の当たりにして驚愕《きょうがく》したとともに、東大にいることによる勝負に対する見切りの早さをあらためて痛感した。東大では試合中点差がつくと「やばい、勝てないかも……」という空気がベンチ内に蔓延《まんえん》し、宮台にも少なからず伝染することがあったからだ。

一九六五年（昭和四十年）、東大4年間で8勝43敗の新治伸治《にいはりしんじ》投手が大洋漁業に就職した際、出向という形で大洋ホエールズ（現ＤｅＮＡ）に入団。かくして東大プロ野球選手第一号が誕生した。

昭和四十年七月二十五日、広島球場にて広島対大洋の試合が行われ、３対２と大洋が１点リードされたまま、６回より新治がリリーフとしてマウンドに上がった。大洋が７回に１点を入れ、同点にすると新治のピッチングがおかしくなった。低めに決まっていた球が急にうわずり出したのだ。８回には大洋が４点入れ勝負あったと思われたが、コントロールが信条の新治がますます乱調になり、顔は引きつり脂汗まで出ている。

結局、８対４でプロ入り初勝利を飾った新治だったが、この晩勝利の美酒に酔うより顔面蒼白《そうはく》になりながらゾッとしたという。「これが東大なんだ」。東大では４年間で43敗し、登板した試合はほとんど負け試合。つまり負けゲームに慣れている。習性というのは恐ろしい。

この話を宮台に振ると、当然の顔をしながら聞いていた。

「ジャパンで僕が感じたことと一緒ですね。やっぱりずっと勝負を続けてきた人間と、大学野球で初めて本気の勝負を始める人間とでは絶対的な開きがある。技術だけじゃなくて気持ちの面で勝負をするとき、向き合っている状態でもう負けているんですよね。おそらく睨《にら》まれたら目を逸らせちゃうし、結局ピッチャーとバッターは一対一の勝負になるんですよ。だから技術が一緒だったら、気持ちが強いほうが絶対勝つ。長年染み込んだものが……。ずっとそういう風に生きてきましたので」

トップレベルの選手は、小学校からずっとギリギリのところで野球をやり、勝つ術《すべ》を知っている。宮台は湘南に入学し、甲子園を目指して練習してきたものの、どこかで冷静に分析している自分がいた。〝勝つ〟意識が強くてもそれを持続しない限り、場当たり的なものとなる。死ぬほど練習を積み、自己を研鑽《けんさん》し続けた者にしか、試合で火事場の馬鹿力や第六感的な行動は起こりえない。勝負において偶然はない。

飽食暖衣でハングリー精神がなくなった時代、適正な環境こそが成長を促進させるのは否めない。シニア、ボーイズで優秀な成績を残した中学生たちを青田買いし、留学という形で受け入れる私立が全国にはごまんとある。エリート揃いの超強豪私立と自前の選手たちだけでやりくりする公立校といった二極化が進み、漫画やドラマのように己の力のみで弱小チームを強くすることなどもはや荒唐無稽。

だからといって、弱い東大で野球をやるのはまったくメリットはないのだろうか。宮台は東大で野球をやるからこそ、得難いものが手に入ると真剣に思っている。

「東大にいるからこそ勝つ喜びはハンパない。自分たちが弱いのに一勝したら気持ちいいし嬉《うれ》しい。勝つ欲求が他大学より東大の人のほうが強いかどうかは考え方の違いで、あの人たちは勝つことが当たり前で、勝利が課せられた命題。僕たちは失うものはないし、ひとつ勝てればそれだけで万々歳っていうところもあるので、目の前の一勝にこだわりますが、向こうはやっぱりもっと上を見ている。それは立場の違いであり、やっていることは一緒というか、苦労は一緒だと思います。でも東大でやる喜びは絶対にあると思います。すごいことをしているっていう感覚はあるし、勝ったらとてつもなく気持ちいい」

東大が弱いからといって練習を疎《おろそ》かにしているわけではない。他大学と変わらないほど質量ともに練習をしている。悲しいかな、パーソナルの問題。プロ予備軍と官僚予備軍が野球をやったらどっちが強いかは明白である。そんな東大に、プロ予備軍、それもドラフト1位級の選手がいるのだから事態は変わる。ひとつのハレーションが化学反応を起こし、より良い結果をもたらすことが往々にしてある。

「合宿も含めてジャパンはすごく疲れましたけど、こんなに楽しいことはないなと思いました。全員自分より上手くて、目標もできるじゃないですか。僕も負けず嫌いなので、このレベルを体験して良かったと思いましたし、自分が本気で上に行きたいならこのレベルという指標もできたので、そういう意味では良かったですね」

ブレークした二〇一六年の十二月二十三日、宮台は東大球場で練習納めを行ったあと、「挑戦したい気持ちはある」とプロ志望を初めて明言し、ニュースとなる。ジャパンでの経験があってこそ、目標が明確に定められたのは間違いない。

巷《ちまた》では東大初のドラフト1位になるのか、OB、関係者を中心にざわついているが、問題はそこじゃない。ドラフト1位で指名されればそれにこしたことはないが、要は東大卒のプロ野球選手としてきちんと活躍できるか否か。本当の意味での〝文武両道〟が宮台康平の左肩にかかっている。

プロ入り表明をしたこともあって、東大野球部一誠寮で宮台に再び会うことにした。どうしてもライバル山田について聞きたかったからだ。４階にある学習部屋で待っていると、トレーニングウエア姿の宮台がやってきた。

「お久しぶりです」

晴れやかな顔つきの宮台を見て、なんだかホッとした自分がいた。でもなぜかビビっている自分がいる。プロ野球選手の取材をしているとオーラで圧倒されることもあるが、ビビらない。でも宮台に会うとビビる。25も年下の若造にビビる自分が、あらためてちっぽけに思えた。

――ライバルの山田投手が高校三年夏、海老名に負けた翌日、宮台投手が後輩相手にバッティングピッチャーをやっているのを教室から見ていて、自分の不甲斐《ふがい》ないピッチングのせいで宮台投手に不完全燃焼させてしまったと嘆いていましたけど。

「別にあいつのせいじゃないです。チームのみんなで送り出したエースの山田を誰も責められない。確かに悔しさはありましたけど、あいつのせいというのは絶対に違います」

――山田投手と一緒にトレーニングしていたって聞いたけど。

「（山田）浩太郎は坂道ダッシュをずっとやっていました。川村監督から言われなくても、あいつは自ら走ってましたね」

――山田投手からの質問なんだけど、昨季の春のシーズンの活躍、そして150キロというのはイメージできていたのか？

「150キロは完全にアドレナリンだったなと。冷静に考えて、ああいう環境に置かれれば自然に高揚しますし、いつも以上の力が出ました。基礎の力も成長していったと思います」

――野球ノートを見させてもらったが、あれは本音？　それともチームのためにあえて悪役を買って出た？

「叱咤《しった》的なことを言うようにしようとしていました。チームで決めたことだし、ドンマイじゃ強くなりませんから」

――川村監督の指導はどうでした？

「最初にボールの握りを教えてもらいました。ボールを楽に握れる握り方を。川村監督は威圧感がありますね。ずっと怒られてました。浩太郎はあまり怒られていなかったです。湘南の野球部って周りから見たら甘っちょろい部分もあるし、どっかで勉強も大事という意識があるし、それは違うっていうのは監督だけでしたから」

――甲子園に行きたかったと思いますが、高校時代を振り返ってこうすれば良かったとかあります？

「ああすれば甲子園に行けるというものじゃないので、どうすれば良かったということも思わないですね」

ちょっと語気が荒く聞こえるのは気のせいだろうか。あまりに陳腐な質問をし、カチンときているのだろうか。つい目を伏せてしまった。やはりバカは秀才に勝てない。

――勉強のことなんですが、一日13時間勉強してたって聞きましたが。

「引退してからはやってました。睡眠が7時間で、食事、風呂が2時間、移動等2時間ですね」

――一日13時間やっていたことについて、「すごいね」って言われることについてはどう思いますか？

「一般的に見たらすごいですけど、東大に入る人のレベルで考えているので。勉強もすごいね、野球も頑張っているよねと言われれば嬉しいです。でも目指しているレベルはそこじゃないので。六大学で野球をやる以上は勝ち点目指しますし、受験勉強をやる以上は東大を目指しましたし、そこで自分の要求水準を下げちゃいけないと思い、分けて考えてました」

――プロ入り表明しましたが。

「頑張ってプロに行きたいなという気持ちです」

プロについてのコメントは多くは語らなかった。宮台の目標は、プロ野球。大学を選ぶときも日本で一番の大学だから東大を目標にし、野球をやっている以上、最高峰はプロ野球だから行きたい。常にシンプルな考え方だ。

川村監督が宮台投手について語る。

「あいつには自分が弱い、ずるいというところをわかっている強さを感じたかな。山田浩太郎に比べて、自分がそんなに努力をしていないことをわかっていた。大体メンタルが強いというのは、弱いところを知っているから強くするじゃないですか。自分が強いと思っているやつはメンタルを鍛えないですもんね。物事の怖さ、恐ろしさ、恥ずかしさだったりを知っているやつがメンタルや技術を鍛えて、そうならない自分を作り出すというようなイメージがあると思う。宮台はある意味でそういう自分の弱さや脆《もろ》さを知っているから、その分、鎧《よろい》を作るために人には攻撃的な文章を書いたりして、自分を鍛えるところがあるのではないかな」

勉強と野球という二刀流を貫く宮台康平。東大史上初のドラフト1位となるのか、すべては春、秋のシーズンにかかっている。

最後に写真撮影をした際に、

「ほんと、晴れやかな顔してるね、やっぱりプロ入り表明でスッキリしたのでは？」

「うまく書いといてください」

少し照れ臭がっているような笑顔で返す宮台がいた。

「べらんめえ！」大工の棟梁監督

神奈川といえば明訓《めいくん》高校。『ドカベン』だ。七〇～九〇年代の野球少年は非常にインスパイアされた歴史に残る高校野球漫画。その明訓高校の夏の甲子園初優勝時の監督が徳川家康。大層な名前だが、明訓の徳川監督といえば馴染《なじ》み深い人もいるだろう。「べらんめえ」が口癖で大酒呑《の》み、しかし〝優勝請負人〟と呼ばれる名伯楽。

湘南の川村靖監督が、この徳川監督に少しカブって見えて仕方がない。それほど、豪傑というか、豪胆というか、〝もののふ〟なのだ。

前任の藤沢西で二〇〇八年夏ベスト4という、激戦区神奈川で公立高校をベスト4に押し上げた手腕を買われ、二〇一〇年湘南に就任した川村監督。

「定年まで藤沢西にいるつもりでした。二〇〇八年夏ベスト4という結果を残せたことで良い選手も入ってきており、ちょうど異動時期だったんでなんとか残れないかと校長に直談判《じかだんぱん》したんですが、やっぱり異動となり、湘南に赴任したんです」

ニヤリと笑いながら話す。もちろん、シラフだ。正直、自分が湘南に来るとは思いもよらなかったに違いない。

夏の甲子園優勝、さらに県立ナンバーワン進学校という名門ゆえ野球部OB会も強く、低迷している湘南野球部を抜本的に改革してくれる人物を探したところ、当時藤沢西の川村監督に白羽の矢が立ったというわけだ。スマートで品がある湘南高校野球部に、ガラッパチでガミガミうるさいおっちゃんを混入させたことで、ハレーションが起こるのも当然予想される。

「大体、佐々木信也《しんや》（元大映）さんのお父さんが作った野球部で、選手たちは坊主にしないぐらいスマートで、甲子園に行っても坊主にしない選手がいたっていうんだから。OBからしたら本来こんなやつじゃないほうがいいに決まってるんですよ。ボコボコ殴りかかる勢いで指導してるし、『てめえ、バカ野郎！』って言ってるし、湘南高校には馴染まないって思ってる人はいたかもしれないけど、今の小僧たちを指導していくとしたら、川村のほうが伝わるんじゃねえのかという判断だったんでしょうね」

地域の優秀な子女が集まる名門で甲子園優勝、OB会も盤石なはずなのに、グラウンド整備さえちゃんとできていない状態だった。ローラーが1台もないため、体育の予算の余剰金で2台購入し、そこからグラウンド作りが始まった。黒土を入れてもらって内野だけでも土を固めるため、授業がない空き時間にひとりでローラーを引いて整備している姿を選手たちが見逃すわけがない。

「藤沢西からやってきて偉そうなことぬかしたり、いつもギャーギャー言ってるけど、口だけじゃなく身体張ってんじゃん。悪いやつじゃなさそうだよな」

高倉健じゃないが、男は時には黙って行動する。選手たちは川村監督の背中をしっかり見て感じていた。

「就任して驚いたのは挨拶ができないこと。まずそこから始めましたね。常に自分が正しいと思っているきらいがあり、幼い頃から成績優秀できていて大人から指摘されず、少々失敗しても大目に見てもらっていることがほとんどでしょう。それで野球部員に『甲子園を目指すんだったら、いつ何時でも新横浜から甲子園に行けるように制服を着てくること。それと、学校内で犬や猫の動物以外の人間に会ったら必ず挨拶をすること』という決まり事を設けました。案外、すぐにできましたね」

自主性を重んじる校風のため、教師たちは挨拶にしても服装にしても指導しない。それよりもまず湘南高校の1年間の行事に追われる日々。四月末の陸上記録会に始まり、文化祭、合唱コンクール、駅伝大会と前期にはほぼ毎月ひとつの行事が催される。

そして、湘南高校の最大の特色が〝体育祭〟。普通の学校がやる体育祭ではなく、50年近い伝統を誇る〝学年横断のクラス対抗仮装ダンス〟や、バックボードと呼ばれる畳

21畳分の巨大な絵画が展示されるなど総合的な行事。仮装においては、振付、衣装のデザイン、小道具や大道具の材料調達から製作、下級生へのダンス指導など、準備期間はおよそ1年間かけて行われる。仮装のため頭を金髪、茶髪に染めるのは公認であり、体育祭が終わってもそのままの頭でいることも。

最初に話を聞いたとき、金髪で学校へ行くのは『ルーキーズ』や『クローズ』といった映像の世界だけだと思ったが、湘南OBの田島悠編集者から「いや、金髪、茶髪、赤もいますね。体育祭が終わったら黒く染めるんですけど、なんか忘れてズルズルしてそのままの頭で行ったりですかね。服装にしても私服OKみたいなもんでした。本当に自由でしたよ」と聞かされたがまだ疑心暗鬼でいると、後日、証拠写真を見せられ、ようやく信じた経緯がある。ただヤンキー高校の埃臭《ほこりくさ》い思い出とは違って、名門湘南高校の誇り高き思い出をいつまでも胸を張って言えているのがすごいと思った。

練習時間にしても月・水・木は16時過ぎから、火・金は15時前からで完全下校は19時30分。他の進学校に比べれば1時間ほど下校時間が遅く、少なくとも3時間は練習時間が取れる。グラウンドも十分にあり、他の進学校に比べれば随分と環境は整っている。挨拶はせず、服装も校則では定められているが自由。言い換えれば、〝緩い〟。これもすべて自由と自主性を尊重し、上からの押さえつけでなく生徒自らが律することを求めているからだ。

その理念はわかる。しかし、未熟な者を野放しにするのもいかがなものかと、川村監督はせめて野球部だけでも挨拶、服装の規律の乱れをなくそうと矯正した。すると、サッカー部、陸上部の部員たちも挨拶をするようになってきたのだ。そうやって野球部の規律と統制が整ったところで野球の指導に入った。とはいっても本格的な戦術等の指導ではなく、あくまでもバランス重視で、選手の特性に合った野球を推し進めていく。

「基本のキャッチボール、トスバッティングでペッパー的なことは、やはり絶対必要です。基本があった中で足の速い子が大勢いるんだったら機動力、長打力があるんだったら長打力、その両方がなかったらコツコツ送っていくということになる。そのときのピッチャーがどれくらい投げられるのか。かなり投げられるのであれば3点を取れば十分、厳しいなと思ったら5点を取りに行こうと。あえてどっちということには決めきれない。それが当たり前というか、普通に来た選手の特性を見て決めます」

強豪私立のように将来性豊かな選手が続々入部してくるわけでもなく、普通に入ってくる普通の選手をいかにやりくりして戦うか。家のローン支払いがある平凡なサラリーマン家庭の奥さんのように、やりくり上手じゃなきゃ神奈川でまともに戦うことなんてできない。だからこそ練習では一切の無駄がなく、体力作りのトレーニングも含めて選手全員が底上げされるメニュー構成だ。

「自分も一応体育教員だし、投げる打つ走るにおいてどういう要素が必要かを勉強し、

トレーニングさせていますね。数が必要なやつは数をこなさせる。バットを振る、ボールを打つは数をこなせばこなすだけ質を凌駕《りょうが》するじゃないけれども、ある程度成果は出てくる。強豪校に行くやつは中学校のときからオーバーフェンスを打っていて、黙っていても打てるようになるかもしれない。でも、うちに来るような子たちの中にすごい子はいないから、戦えるレベルまでにするには、やっぱり数を振ること、数を打つことしかない。その中で特にバッティングに関しては、成功体験がないと伸びないというのがあるんですよね」

例えば、フリーバッティングでいい当たりをしても楽しいと思ったことがないやつに、バッティングのなんたるかを言っても馬の耳に念仏。試合で2アウト二、三塁の好機にセンター前へ目の覚める当たりで2点を叩《たた》き出せば、もう一度打ちたいというのがモチベーションになる。そういう成功体験がない選手に形云々や、こうしちゃダメああしちゃダメと言っても無駄。打つ楽しさ、打って点を取れる嬉しさを感じさせることが必要であり、そのためには難しいことをやるよりも、簡単なことをたくさんやる中で身に付けていくべき。川村監督は長い野球人生を振り返ってそう考えついたのだ。それもこれも監督自身の原体験からの影響によるものである。

成功体験でモチベーションを上げろ

川村監督と接していると、お坊ちゃん育ちの優等生はどうも性に合わん、とでも言い出しそうだが、実は川村監督自身、地元静岡県富士市では進学校のスターとしてもてはやされた人物だった。

静岡県は、東部、中部、西部と三つに分かれ、中部に位置する県庁所在地の静岡市近辺の高校が勉強もスポーツも中心となって活動している。甲子園は県下一の進学校の静岡高校、静岡商業が常連校で静岡市内の高校が甲子園出場をほぼ独占している。サッカーでは進学校清水東が冬の選手権常連校と、中部地区だけで静岡県の中枢機能をすべてまかなうほど高機能地域だった。

それが一九七九年、進学校の富士高校がノーシードからの快進撃。そのときのエースが川村靖で、一回戦から全イニング投げ、見事甲子園出場を勝ち取った。富士高校として初出場、東部地区から夏は33年ぶりの快挙だった。

「小さい町だから歩いていても『川村くん？』と声をかけられたり、チャリンコで二人乗りしていて警官に見つかっても『おまえ、富士高の川村くんか！』と見逃されたり、大学に行って帰郷するときも、在来線で乗り換えの富士駅で座っていると『川村さんですよね？』と。もう『週刊プレイボーイ』を買うにも大変だったよ（笑）」

七九年というと、浪商の牛島和彦（元横浜ベイスターズ監督）と香川伸行《のぶゆき》（元南海、故人）が甲子園のスターとなって湧かせ、伝説の箕島《みのしま》対星稜《せいりょう》延長18回があり、甲子園がアイドル人気のような異常過熱報道をし始めの時期。そんなときに甲子園に出場するエースは、当然〝おらが町のヒーロー〟だ。進学校から甲子園に行き、堂々のエース、そして横浜国立大学進学と、世間の親からしたら十二分な優等生である。

大学でも神奈川大学リーグで投打の中心となり、社会人野球「金港《きんこう》クラブ」でも都市対抗の予選で活躍するなど、野球人としてもエリート。だからこそ、エリートや優等生には厳しい目を向けているのかもしれない。見た目は任侠《にんきょう》の匂いがしないでもない昭和の優等生川村監督から見たら、現代の優等生に物足りなさを十分に感じているだろう。

「それこそ湘南生っていう名前に満足しているのが多い。湘南に来て野球やってますっていうだけで満足している。でもそうではなく、湘南の野球部に入ってどうするかっていうことを俺たちは期待している。今の子たちが怠けているわけじゃないが、野心とか野望といった気持ちを持っていない。草食系男子という言葉があること自体が情けない。湘南にも草食系野球部員、つまりただいるだけの部員がいる。一緒にきついことをやっているけれども、きついことをやっている僕はここで頑張っている。頑張っているだけでＯＫになっている。本来は、頑張って強くなって勝つのが目的なのに。しかも湘南高校だと、それでも周りから非常に高い評価を受けちゃうわけです」

殺気立ったように川村監督は憤慨していた。時代の趨勢《すうせい》といえども、勝負に生きる精神は昭和だろうと平成だろうと、そうそう変わることはない。中学の成績がオール５でも入試で落ちてしまう超進学校の湘南に来る子どもたちは、負けず嫌いに決まっている。

「相手が強いと、謙虚になって戦って善戦できるけれども、〝行ける〟と思ったときに甘く見て横柄になって、点を先に取られると修正が利かなくなって取りこぼしをする。成功体験を経て、相手がどこでも同じように自分たちの野球をやらなくてはいけない」

川村監督の話に耳を傾けていると、〝成功体験〟という言葉が頻繁に出てくる。〝成功体験〟は監督発信の考え方ということで選手たちは認識し、浸透している。

「成功体験とは、素直にそれが自信になったり、もう一度それをやりたいというモチベーションを起こしたりすることではないか。すべて成功すればいいとは思わないし、失敗も絶対にチャンスだと思う。でも難しいことをやるより、まずは簡単なことできちっとした土台を作るということですね」

前述したが、現役時代、静岡県立富士高校のエースとして甲子園出場し延長15回サヨナラ負け。横浜国立大学では、神奈川大学リーグでリーグ戦全イニング登板という超人的な投げっぷりを見せ、卒業後硬式クラブチーム「金港クラブ」に所属して都市対抗予選で首位打者を取るなど、人も羨む恵まれた野球人生を送ってきた。いわば成功体験は数知れぬほど多い。

エリート野球人として指導者になった川村の、最初の赴任先は神奈川県立上矢部《かみやべ》高校。希望を胸に抱いた高校野球指導者として輝かしい未来が待っていると思いきや、12年間率いて夏の大会2勝12敗。初年度、2年目と初戦敗退、3年目に初戦は絶対に勝てると思って乗り込んだらよもやの初戦敗退。その晩、しこたま酒を飲みまくった。

そして4年目、やっと初勝利を挙げ、二回戦も勝ち、そして三回戦はその年優勝した横浜商業に敗れた。その後はずっと初戦敗退。現役時代、アマチュアのエリートとして戦績を残し、それに恥じないような野球部を作ろうとガムシャラにやったのに、12年間指導して4年目に2勝しただけであとはすべて一回戦敗退。情けなさすぎた。

「負け続けている間に、成功体験ではないけれども逆に勉強をしたね。やらせることだけではなくて出させること。インプットはやれって言えばできるんだけど、インプットしたものをアウトプットしていくには、こっちが怒っているだけではダメなんだとわかった。じゃあ、俺たちが高校のときアウトプットできていたのだろうか、大学でも自分は出せたのかというと、やはりポジティブに考えたり、バイタリティーのある連中が周りにいたりしたことがプラスに働いたことで、アウトプットに繋《つな》がったのかもしれない。

俺なんかは大したバッターではないのに、なぜ都市対抗の予選で首位打者を取れたんだろうと考えたとき、『そうか、やれやれと言われたら、〝ちくしょう、この野郎〟と言って発散できたけど、世の中には〝ちくしょう、この野郎〟と発散ができないタイプの人間ってたくさんいるんだな』ということがようやくわかった気がする。となると、うまくいったことがないやつは、野球でも勉強でも恋愛でも絶対うまくいかねえんだと思ってしまう。だったら、野球でうまくいったことや嬉しいことを大切にするほうが重要なのかなと漠然とわかり、今は〝成功体験〟という言葉で伝えられるようになったね」

江戸っ子じゃないのにべらんめえ口調で話す川村監督は迫力満点であるが、言っていることは理に適《かな》っている。言い続けていればインプットすることはできる。要はそれをいかにアウトプット、つまり吸収した経験や学習をもとにして成果を挙げられるか。「なにクソ」と逆境に負けじとやる人間は今のご時世少ない。何をやってもうまくいかない人間はネガティブにしか考えない。だったら、今までうまくいったことや嬉しかったことを、大切にする気持ちを持つことから始めればいいのではないか。そうすれば、その思いが自信となって次に繋がり、モチベーションも上がる。そういう意味で〝成功体験〟という言葉を使っているのだ。

神奈川で勝つのは天文学的な確率

一九七〇年代前半、高校野球界ではこんな言葉があった。

〝神奈川を制する者は全国を制す〟

七〇年夏、東海大相模優勝。七一年夏、桐蔭《とういん》学園優勝。七三年春、横浜優勝。七五年春、東海大相模準優勝。神奈川代表は甲子園大会を制する活躍を見せていた。

高校野球漫画の金字塔である『ドカベン』の連載開始が一九七二年であり、主人公の山田太郎は神奈川県の私立明訓高校の野球部員。ちょうど神奈川県代表が全国制覇を集中的に獲《と》っている時期と重なる。高校篇が始まる第10巻の一番最初のページには、〝神奈川を制する者は全国を制す〟と書かれている。神奈川がどれだけ強いのかを示す脅威の一文である。

昨年（二〇一六年）夏、神奈川県大会の参加校は196校。言わずと知れた全国一の参加校数である。

横浜、東海大相模、桐光学園、慶應が横綱ＢＩＧ４。大関に桐蔭学園、横浜隼人《はやと》、横浜創学館……名前を聞くだけでも全国トップクラスの陣営である。

「練習試合で桐蔭に勝ったことはあるけど……、湘南は関脇、小結、いや前頭筆頭ぐらいかな。夏に一番になるのは天文学的な確率だと思いますよ」

至難の業であるのは誰でもわかる。神奈川では一九五四年（昭和二十九年）に鶴見工業が夏の甲子園に出場して以来、63年間公立が甲子園の地を踏んでいないのだ。

「一発勝負なんで何があるかわからない。そういった部分を前提に考えたとしても、例えば20人のベンチ入りメンバーを決めるとき、横浜のベンチ入りメンバーに湘南の選手が何人入れるだろうかと考えると、やっと1人だろうか。そもそもの部員の数が違うといってもそれが力の差。だけど、いくら150メートル飛ばしても1点、90メートルちょいでも1点。戦えば何が起こるかわからない、そういう可能性があるということだけを頼りにやっている」

そうは言ってもそこは勝負師の川村靖。横浜の打線を3点以内に抑えられるような投手陣をどう形成していくか、あの手のピッチャーから4点を取るにはどうすればいいのか……、常に頭の中には構想が練られている。でなければ、公立高校で真剣に甲子園を狙うとは言わないはずだ。

近年の野球は、グラウンド以外の情報戦が過熱している。偵察部隊を編成し、各方向からビデオを回し、癖や配球を分析する。神奈川ではバックネットからビデオを回すのは認められている。湘南高校も他校の分析を熱心にやっているのか。

「偵察はほとんどしていません。偵察班が見てきて、ピッチャーの球種はいくつか、エンドランをかけてくるカウントはいくつだったかとか、聞くのはそれくらい。ビデオも撮らないです。ビデオを撮って見たところでわからないもの。ある程度の情報はもらっている中で指示を出すこともあるけど、本当にその情報を聞いてうまくいったためしがない。『こうなんだよ』と教えてくれても聞かないほうが良かったなということが多い」

横浜の小倉《おぐら》清一郎《きよいちろう》元部長は、各バッターのストライクゾーンに合わせた打球方向等を細かく分析したうえで、攻略方法を編み出し徹底させた。

「高校野球がそっちのほうに走っていくのは好きではないんだよね。ここで初めて会ったやつと勝負しながら、その中で癖を盗んでやろうというのはわかるけど、前の日からビデオを回して分析するって教育的なのかなと思う。そのために大人が子どものために奔走するんだが、あんまり潔くねえなという気がして」

二〇一六年休部になってしまったＰＬ学園の全盛時代も、データ等はまったく重視しなかった。相手ピッチャーの投球パターンで気になる点を教えるくらいで、癖を見つけても直っている可能性もあるし、すべてがデータ通りではないという理由からだ。基本ベースがしっかりしていれば対応できるという考え。

「野球の細かい技術は、教えないほうがいいんじゃねえのかと思う。俺自身、教わったことはほとんどねえし、結局自分自身で摑《つか》んでいくしかねえんじゃねえのかな。手取り足取りというのはなんか違うと思うね」

手取り足取り教えたほうが、ある程度までの上達は早い。しかし、もうワンランク上に行くためには対応力が必要。それは誰かに教えてもらうのではなく、実戦の中で経験したものを自分の中で感覚として叩き込み、瞬時の判断力を養っていくものだ。

「噂《うわさ》に聞くと、某公立高校は束になって情報収集していて、親が必死になってビデオを撮ってくる。たとえビデオをもらったとしても俺は見ないよ。見る時間はないし、見る時間があったら寝る。でも、よくやるなって思う。そのビデオを見てどう分析をしているのか。それよりも生で見たほうが、相手の雰囲気やバッターボックスの足の位置がわかると思うんですけどね。でも、子どもたちの手前、情報としてこれぐらいは持っていたほうがいいというのはあるけどね」

情報に頼らない野球をするのであれば、こっちはこっちの武器を最大限に活用すればいい。ＩＤ（Important Data）野球ではなく、リアルシンキング・ベースボールでいけばいい。偏差値70以上の選手ばかり。頭脳明晰《めいせき》さにかけては神奈川でも三本の指に入る。

「そういう意味であいつらをくすぐる。去年あたりからＳＤ、湘南スペシャルディフェンスといったものがあります。まあ、うちにも㊙戦術があるってことで（笑）。例えば、強豪私立とやって、初回一番バッターにいきなり２ベースを打たれる。次打者にはバントを警戒して高めのスライダーを投げる。当然バントしてきたがキャッチャーの前に落とし、三塁で殺そうとして投げるがセーフ。ノーアウト一、三塁。よくあるパターン。ビッグイニングにならないためにもここは1点で抑えようとする。

こういう場面のときに俺たちはどうやって守るか。1点はいいからアウトを取りにいく。普通、ショートゴロなら1点だと思う。そういうように見せかけておいて、ショートゴロでホームのアウトを取れたら格好いいよね。つまりわざわざ『いいよ、いいよ、1点いいよ、もうバッターで行こう』と言いながらサードはベースにも入らず、ショートとセカンドは前にいる。そこで『いやいや、違う違う、後ろ後ろ』とわざと言う。ランナーは『後ろに下がってくれるなら二遊間にゴロが飛んだら歩いても点が入る』と思い、ピッチャーゴロさえケアすればいいというときに、1球目は大きく外す感じで投げる。『いいから、いいから、バッター取ればいいから気にするなよ』とか言いながら、2球目のときピッチャーがモーションに入った途端に、セカンドとショートが前に詰めて打球を待つ。それでショートゴロが来たら、ランナーは1点もらったと思っているためスタートが遅れるかもしれない。そこをホームでアウトにすれば気持ちがいいよね。そんなスペシャル湘南ディフェンスを作ろうかって」

このときばかりは、川村監督の鬼の形相が和らいでいる。とにかく、実直に練習すれば向上するディフェンス面について独自の考え方を持っており、試合の流れを持っていかせないためにどうするのか。どういうときにビッグイニングになってしまうのか。

「結局やられるパターンというのは、守っているチームが簡単に1点をあげますよとなれば、バッターも気が楽になるから好球必打でどんどん連打となって点が入る。どうせ1点は取られるんだったら、奇襲的なディフェンスで『え、何これ？　おまえなんであれでホームを突けねえんだよ』『いやいや、あいつら前に出てきたぜ、騙《だま》された』と一泡吹かせたいじゃない」

ひとつのプレーで試合の流れは大きく変わる。別に超ファインプレーを出せと言っているのではない。相手の盲点を突く組織プレーで相手をギャフンと言わせることほど効果的なものはない。超ファインプレーをやられたら、アンラッキーとして簡単に切り替えることができるが、不意を突いた組織的なプレーは自分たちの散漫な注意力が要因のため、案外、後々まで残る。そういった心理的優位に立つことも計算して作戦を考えている。

ハードワークで疲労骨折続出

「エディー・ジョーンズが〝ハードワーク〟という言葉をスタンダード化してくれたよ

ね。日本代表の大男たちが朝5時に起きてランニングをやって、また昼も走ってるんだからね」

川村監督はニコニコしながら話しているのだが、その姿は内容も手伝ってか鬼軍曹を彷彿《ほうふつ》させるようだった。

ラグビー元日本代表のヘッドコーチのエディー・ジョーンズは、用意周到な準備と一切の妥協を排する実践で地力を培い、ラグビーワールドカップ二〇一五で全世界に衝撃を与えた。過去ワールドカップ2回優勝、世界ランキング3位の南アフリカに初対戦で勝利し、〝スポーツ史上最大の番狂わせ〟と謂《い》われた。

続くサモア代表、アメリカにも勝利し、1次リーグ3勝を挙げたが勝ち点差により敗退。それでも日本ラグビーが世界に与えた衝撃は大きかった。とにかく、合宿では超ハードトレーニングを課した。大会直前六月の宮崎キャンプでの練習回数は92。早朝から細かく割られた厳格なセッションに終わりはないかのようで、選手たちは「人間はここまで追い込まれるものなのか」と合宿後、マスコミ陣に呟《つぶや》いた。

「エディージャパンを見て、うちももっと走らなあかんなということで、冬の間、特に休みの日に朝6時半に学校に集合させて練習しました。6時半に集合というと、弁当も作ったりしないといけないのでお母さんが大変だから、朝起きたら牛乳を1杯飲んで学校に来いと」

《冬休みと二月土日のメニュー》

午前6時30分集合でアップし、午前6時45分から練習を開始。

午前7時前にまず1回目のラントレ／6分走、1500メートル走、大体5〜10分の持久走。そのあと、ロングティーを午前8時30分まで。

午前8時30分頃から食堂で朝飯。そのあと、午前11時まで食堂で勉強をする。

午前11時頃、勉強に残るチームとペッパーをやるチームを三つに分けて交互に行い、終わったところで2回目のラントレ／校舎内を全員で走る長距離走（20〜25分で走れる距離）。

午後1時　　昼食。

午後2時　　グラウンドにてバッティングや基礎的な練習。

午後5時30分　3回目のラントレ／200メートル走を10本。

「今の二年生が一年生のときのハードワークで、三月末に腰を疲労骨折したやつが3、4人出てきましたね。結局、ハードワークをやりすぎちゃったかなと思っているけど（笑）」

　選手たちを見ると下半身がムッチムチ。お尻から太ももにかけてのフォルムがプリッと曲線美を描いている。ハードワークをこなし、しっかり食べている証拠だ。

「一方で身体が大きくなることよりも、あいつらに求めているのは骸骨でも打てる形、骸骨でも投げられる形。骨で打てるようになれば肉がなくても行ける。ガタイだけデカくすればいいんだったら、プロレスラーやボディービルダーはみんなホームランが打てるわけだから」

〝骨で打つ〟、それがコツだなどという、ダンディ坂野ばりの親父《おやじ》ギャグを言う川村監督はいつになく真剣。突っ込むどころか、うんうんと頷《うなず》くしかなかった。

「まったく肉のない、それこそインナーマッスルだけ付いていて、アウターマッスルが付いていない理科室の標本のようでも、カチッと決まったときには打てる。肉が付けば打てるじゃなく、骨で打て、でも肉も付けろみたいな感じ」

筋肉で打つのではなく、きちんと骨格が連動して打つという意識が大事なのだ。筋トレさえすればパワーが出て、打てるようになると勘違いさせないためにも「おまえは骨を使っているのか！」と問いかけ、意識付けさせているのだ。

エースの大久保英貴《ひでき》（現東京大）は、学年でもトップテンに入るほどの成績を誇る秀才。週に3回塾に通い、練習終わりの19時40分から2時間勉強する。ちなみに父親の大久保裕《ひろし》は湘南から東大野球部、それも同一シーズンで史上初めて早慶両校から勝ち点を挙げ、優勝争いを繰り広げた一九八一年春の「赤門《あかもん》旋風」と呼ばれたときのキャプテン兼ショートで、社会人野球の三菱自動車に入社したほどの名選手。

「家でダラダラしていると怒られますが、勉強しろとは言われていません。小学校から先生に怒られたことはありませんでした。でも高校に入ってから、あまりの厳しさにメンタルをやられました。でも、これが高校野球だから仕方がないと割り切りました」

川村監督からマウンド上で説教を受け、面喰らった大久保だったが、きちんと自己分析しメンタルを鍛え上げた。立派な佇《たたず》まいの大久保を見て、一番驚いたのは私だったのは言うまでもない。

１８６センチでチーム一の身長を誇る大石耕太郎の父親は、元巨人の大石滋昭《しげあき》で、二〇〇七年から3年間ジャイアンツアカデミーのコーチを務め、野球の指導方法を学んだあと、NPO法人デポルターレクラブを設立し、幼児・小学生・中学生および成人の野球スクールを主催している。そんな父を持つ大石耕太郎の意識は身長と同様に高かった。

「父からは野球をやれとか言われてません。小学校一、二年生はサッカーをやってましたから。宮台さんが注目され、野球だけでは他の高校と同じだと思い、勉強のほうも本格始動しています。みんな勉強のこともあって自分のことで精一杯になりがちなので、もっとチーム内で話し合って思いを確認するべきだと思っています」

元プロ野球選手の父の遺伝子と秀才の頭脳が融合したとき、大石耕太郎はどうなるんだろう。そう思ったときつくづく何もない自分が嫌になった。

進学校にありがちな宇宙人というか、天才というか、奇才というか、とにかく変わっているのがセンターを守る横田慶二（現北海道大）。川村監督からいろいろな意味で一番可愛がられている。

「監督は怖いですね。でも不思議に思うのは、なんで今の時代だとダメなことが多いんでしょう？」

本に書けないようなことを普通に話す天然キャラ。文武両道について聞いてみた。

「できるものが増えるほどそれが武器となり、自分を高められると思います。湘南は勉強をやるやつはやるし、やらないやつはやらない。クラスの中でもやらないやつはいます。ごくたまに一度見ただけで覚えるやつがいて良い点を取りますが、基本勉強しないとできないですから」

天然キャラらしくない発言に少し驚きながら、成績を聞くと真ん中よりちょい上と答える。期待をどこか裏切る感じなのに、妙に親近感が湧いたのはなぜだろう……、どうでもいいことだけど。

あらためて言うが、この本の根本的なテーマは〝文武両道の意義を勘検〟と、さも論文のタイトルもどきなことを記したが、一番知りたいのは勉強も運動もできるやつの頭の構造。一般的概念として頭が良い子は遺伝的要素プラス家庭環境と言われているが、取材して感じたのは、勉強に関して遺伝的要素もあるが、やはり家庭環境が大きい。幼い頃から家庭教師をつけてガンガン勉強をやっていた子は皆無だった。みんな口を揃えて「親から勉強しろとはあまり言われない」だ。自発的に勉強をやっているということだ。

小学校の頃は、頭が良いという自覚はあまりなく、中学校に入ってからテストで周りの人より多く点数を取っていることで、自分は頭が良いと認識する。確かに、中学くらいから頭の良し悪しで友だちを選別する意識が生まれてくるものだ。そして高校生にもなれば世の中の仕組みもわかり、表層的な部分で肩書きが必要だってことも理解できる。勉強ができる子を見ていると、世の中の趨勢を敏感に察知し、明確な未来予想図を立てている。

目標を早く設定すれば、逆算してどうしていけばいいのか自《おの》ずとわかる。それが湘南クラスの子だとできているように感じた。もちろん、中にはとりあえず良い大学に行こうという平凡な意識の生徒もいるが、東大へ行くようなトップクラスの同級生の意識を目の当たりにしていることで、のちに大学に入ってからもいい意味でインスパイアされているように思えてならない。

湘南は場所的にも恵まれ、エレガントで優秀な子女が多く通うスマートな学校として認知され、毎年東大に10人以上進学する。夏の甲子園でも優勝し、伝統を築いてきた部活動の数々は、まさにスーパー文武両道の極みである。湘南に通っていたという名誉と誇りは一生の宝。これこそが湘南がブランド化する由縁である。しかし、川村監督はこの湘南ブランドがなんとも気に喰わない。

「強豪校になりたくて練習をしているわけで、たまたま勉強ができて進学先が難関大学だというだけのこと。チームから大学へは3人しか行かずに他のみんなは就職です、チーム全員が専門学校に進みます、という学校と何も変わりない。ただ一般の人たちの捉え方として、頭も良くて野球も強いのはすごいことだと思っている。やっぱり東大に行くような子が他のことも頑張っているという構図が好きなんでしょう。宮台がマスコミに取り上げられるのも東大だからです。宮台もわかっているし、そういう行動と受け答えをしようと思っている。このままでいいのかなと思いながら、本当の実力が僕にあるかどうかということを考えていますよ」

東大出身なのに職人をやっている、工事現場で働いている人物がテレビで取り上げられている現状を見ると、やはりこの世の中、ブランド力の強さがすべてなのか。人々は予想に反する言動を目の当たりにすると驚くが、それもこれも固定観念があるからだ。その最たるものがブランドだ。川村監督は、そんな無形の力に頼るなと言いたいのだろう。「湘南に限らず、今の子たちは全部お膳立てされた中で物事をこなしていっている。例えば、野球に限らず進路を選ぶときも、こうやりましょうねと。本当に転ばぬ先の杖《つえ》ではないが、子どもの頃から、きちんと道を作って転ばないように先導している。その綺《き》麗《れい》な道筋を作ってくれる中継点が湘南と思ったら大間違い。

前に、木材で作ったジャングルジムの展示物の飾りに使ったおがくずに火がついて、子どもが亡くなった事件があったけど、普通、おがくずの近くに白熱電灯があれば火がついて燃えるだろうってわかるだろうに。でも今の子は、火遊びをしたことがないからわからない。あの事故のあと、選手たちにマッチで火をつけたことがあるのかって聞いたら『アルコールランプにつけました』とその程度なの。マッチで燃えやすい紙に火をつけて、割り箸を細かく折って薪にしたりしていないから、おがくずと白熱電灯の組み合わせがどんなことになるのか、大学生でもわからないんだから」

二〇一六年十一月六日午後5時15分頃、東京の明治神宮外苑で開かれていたイベント会場で展示物の木製のジャングルジムが燃え、幼稚園児が死亡する事故があった。原因は、ジャングルジムの骨組みに〝かんなくず〟が絡みつくように飾られており、中から電球の照らしていた熱によって出火したと見られる。木製のジャングルジムは大学生が制作した。白熱灯近くにおがくずがあれば発火することくらい常識的にわかること。それが大学生なのにわからない。モニター上で膨大な量の知識を得ているが、自分で考えて行動する原始的な部分がものすごく少なくなっているから、何が常識か判別できなくなっている。モニターの二次元の世界でしかモノを見ず、三次元で体感して経験を積むということが欠落しているからだ。

でも、今を生きる彼らだからこそ、二次元を通してであっても、世界の趨勢をリアルタイムでずっと見ている。さらに自分の目や耳といった五感で見ることができれば、深い情緒が養え、常識を踏まえた高い知識が身に付くに違いない。

どうしても聞いてみたかったことがある。横浜、東海大相模といった、プロにガンガン選手を輩出する横綱級の高校と対戦するとき、相手の戦力を垂涎《すいぜん》のまなざしで見るようなことはないか。もっと言ってしまえば、あんな選手がうちにいたらなぁと思ってしまわないものなのか。

「そりゃ思うこともあるけど、藤沢西のときとはちょっと違う。ある有望な選手が藤沢西に行きたいと思っていても、横浜に来いよと誘われたら横浜に行っちゃう。〝横浜のユニフォームを着て甲子園に行こう〟という謳《うた》い文句はプロの道へと繋がるということ。でも、湘南に行きたい子は『これを着て甲子園に行こう』と横浜のユニフォームを見せられても、『僕は東大に行きたいので』と蹴る可能性は間違いなく藤沢西より高い。オール5で難しい問題も解けて、野球もできるというのが世の中にはいる。その中で宮台のようなやつが出てくる」

あの横浜や東海大相模に誘われれば、第一志望の学校を簡単に蹴ってしまうものだが、湘南レベルにもなれば東大を視野に入学するので、横浜や東海大相模から誘われても行かない可能性が高い。東大に行き、なおかつ甲子園にも行きたいとなれば、湘南が一番可能性があるからだ。

「選手たちに言っている。『おまえら、ただ勉強ができるだけで本に名前が出るということはものすごく嬉しいことだぞ』。やつらが今まで怠けていなくて、一生懸命やってきた部分を隠しておく必要はないし、この本は売れるから出すんだぜという話もあいつらに言っている。だって、藤沢西だったら売れねえもん」

ここまで開けっぴろげな性格だからこそ、20以上も年齢が違う年下の先生からも慕われるのだろう。大学を出てそのまま教師になった人は社会経験が教育という場しかなく、広い意味での社会の仕組みを実体験しているわけではない。高校時代の野球部仲間から「おまえ、社会はこうだぞ、そういうことを勉強しろよ」と説教され、「うるせえ、おまえに言われたくねえよ」と返しながらも仲間の言葉を肝に銘じている。

「やっぱりそういう感覚を持っていないと、教わった子どもらが損をしてしまう。だから本当はこうなんだという裏話を、時には作り話も交えながら話すようにしている。あいつらが国を動かしていく、または社会のリーダーになる以上、本当のことを教えてやり、ダメなことはダメと言ってやることが俺たちの役目だと思う。いい大学に入るために問題を解くテクニックは数学、英語の先生に聞けばいいかもしれないけれど、じゃあ、体育の俺の存在意義となれば、人間教育や道徳教育をすることではないかな」

高校の授業で人間教育となる科目というのは、おそらく保健の授業しかないと川村は常々思っている。生徒たちにとっても受験科目じゃないから、保健の授業はものすごく気楽である。学年度最初の保健の授業でこんな話をしたことがあるという。

「保健の授業って知っているか!?」

生徒たちは少しざわつく。

「世の中には、主要科目と不要科目があるっておまえらが言うんだけれども、知っているか? 主要科目はっていうと国語、数学、理科、英語、社会。じゃあ、不要科目って何だ?」

誰かを指すと、しぶしぶ答える。

「はい、音楽、体育、美術……」

おお、よく言った、そうだよなとは言わないが、遠慮なくハッキリ答える生徒に半ば感心する。

「でも、国としては全国の高校生全員に保健を習わせている。なんでだ?」

「保健というのは健康にかかわることだから、全員に必要だから」

「それはおまえらから見ればその通りなんだけれども、実は日本の国というのは今、65歳以上の高齢者の数がおよそ3500万人もいて、医療費の総額が40兆円かかる。本当は道路を作ってインフラ整備をしたいよ。でも老人のために巨額の医療費を国が払っている。だから全高校の保健の授業で、人生を健康に生きるための方法を一生懸命教え続ければ、高校の教員を雇うだけでこの先の医療費をものすごく下げられる可能性が出てくるんだよ」

みんな感心した顔つきで聞いている。もちろん作り話だ。極端なことを言えば、受験科目ではないから何を言ったっていい。嘘《うそ》を言ったっていい。「それ、みんな嘘でしょ」と反論すれば「本当のことを知りたかったら、おまえら新聞読めよ」という話でOK。遊びの中にも学問がある。学術的な学問だけを学びたければ塾のほうがよっぽど学べる。しかし、学校という枠の中で集団行動のもとで学業があって、部活動があって、甲子園もあって、恋もあって、南ちゃんなんかいなくともそれが全部ひっくるめて青春である。

川村監督が興味深い言葉を放った。それは男にとっての人生でもあり、野球にも通じることだ。

「おまえら社会に出たら、エリートの肩書きで簡単に女が寄ってくるかもしれないが、そうじゃない。男は女に振り向いてもらうため、手を替え品を替えて口説いて口説いてものにする。そういう経緯があることが大切なんだ。やつらにそう言ったこともありますよ」

小難しい理論や法則なんてどうでもいい。

男にとっての人生がすべてそこにある。

念願の文庫本にまとめるにあたり、とある親子の動向を知りたいがために追加取材を行った。

当時、学年トップクラスの成績を誇るエース大久保英貴が現役で東大へ入り、野球部に属したところまでは予想できた。なんと、父親の裕が二〇一九年秋に東大野球部助監督に就任したというのだから驚き。神奈川では東海大相模、東海大での原貢（故人）・辰徳（現巨人監督）が父子鷹として有名だったが、それ以来の衝撃度の東大版父子鷹誕生である。

大学野球に耐えうる身体を作るためのトレーニング真っ最中の大久保英貴に受験の極意と父親について聞いてみる。

「父に関しては、自分が卒業するまで待ってほしかったですね（笑）。併願で早稲田に受かっていたので、東大がダメだったら早稲田に行くつもりでした。一浪するっていう選択肢はありませんでした。早稲田に行ったら野球はやってませんでしたね。東大だからこそ野球部に入りました。やはり高三で引退して時が経てば経《た》つほど野球がやりたくなったので、それがモチベーションになりました。高校時代は、通学途中の電車の中やホームとかでも単語帳を開いて勉強してました。塾帰りのときも電車の中でその日の復習をすることで定着させました。僕の場合、追い込みのきつい時期になればなるほど野球がやりたくなり、東大なら野球ができると決めていたので、いかにモチベーションを持続させていくかですかね」

　納得の答えが返ってきた。最後は、意志の強さということだ。

　父親でもある大久保裕助監督にも息子・英貴の教育方針について訊《たず》ねてみると、

「三男坊の彼は、少年野球のときは何かが目立つというタイプじゃなかったんですが、コントロールは良かったですね。中一から高校途中まで私が海外赴任してましたので、高校の進路などは家内に任せっきりでした。湘南で上位だと自然と東大を目指すのが普通ですので本人の意思に任せてました。大学で野球を続けろとは一度も言ったことはありません。高校まで野球を続けてくれればと思ったんですが、まさか大学までやってくれるとはという感じです」

　決して強制ではなく、本人の意思を尊重することが一番であり、どうしてもという時だけ少し手助けをする。一見、放任に見えるが、促すような環境作りはきちんとしているはずだ。

　最高峰の文武両道の父子鷹。彼らが神宮でどんな奇跡を見せてくれるのか、楽しみで仕方がない。

第2限　大阪府立北野高等学校

六稜魂
全人教育

選抜高等学校野球大会優勝

ミナミほどではないが、とにかく濃い。

梅田から電車で3分で着く阪急十三《じゅうそう》駅西口。淀川を渡り切った場所にある繁華街。

夜になると、

「ホルモン安いで、にいちゃん！」

「もう一軒飲みどうですか？」

ホルモン焼き、お好み焼き、立ち呑み、寿司、キャバクラ、イメクラ……、雑多な狭い場所で飲食、風俗店が立ち並ぶ。午後6時を過ぎると街が一体となって艶《なま》めかしいネオンの灯火で活気づくところがなんとも卑猥《ひわい》感《かん》満載。それが延々と朝まで続く、まさに大人の桃源郷。戦後、闇市で栄えた街だけあって、浪速《なにわ》のど根性と商売気質が凝縮されている。

朝7時、雀《すずめ》の鳴き声とともに車の走行音が響き始め、夜の姿をようやく消そうとする中、大衆居酒屋の暖簾《のれん》をかき分けた若いあんちゃんたちがカラオケに行こうとワイワイ騒ぐ横を、スーツ姿のサラリーマンたちが駅に向かって規則正しい歩調で進む。夜の街と朝の街が交差する瞬間だ。

午前10時にもなると、十三の街も夜の色は完全に消え、朝の顔が現れる。露天商のおばちゃんがガラッパチの中にまじり、背筋をピンとさせて座りながら衣類を売っている。

「靴下、100円！」

他の衣類もあるのに靴下だけをセール。興味本位に「おばちゃん、靴下全部100円？」と聞くと、

「100円、100円、100円。100円3回言うたから、はい、300円！」

ズッこけた。関西特有のネタが炸裂《さくれつ》した気分だった。

そんな妖艶な繁華街を通り越し、銀行が立ち並ぶ淀川通り（府道16号）を十三バイパス（国道176号線）方面に向かって歩き、ちょっと脇に入ると見えるラブホテル街には目もくれず、真っすぐ大通りに沿って歩くと、7分程度で北野高校が見える。

名門の誉れ高い北野高校の外壁は、すべてコンクリートの打ちっぱなし。校舎というより近代的な美術館を思わせる建造物。温もりある滑らかな曲線と意志の強さを示す直線が巧みに組み合わさった校舎はq字状の幾何学的形状の造り。さらに各教室の窓側はバルコニーで繋がれ廊下を使わずに往来でき、1階から3階まで壁面をガラス張りにした階段や建物を結ぶ空中廊下は、まさにアバンギャルド。建築デザインはOBで京大教授を務める建築家の竹山聖《きよし》で、〝個性の調和を重んじる北野高の校風〟をモチーフにデ

ザインされている。

大阪の公立高校では最古の歴史があり、毎年東大京大をはじめ難関国立大学に半数以上、国公立であれば8割以上進学する超名門進学校。OBでよく知られているのが元大阪府知事の橋下徹《はしもととおる》、〝漫画の神様〟手塚治虫、夭折《ようせつ》の天才画家・佐伯祐三《さえきゆうぞう》、ミクシィ創業者の笠原健治、日本マクドナルドの藤田田《でん》などなど、各界に多士済々が勢揃いである。

北野の校歌に「六稜《ろくりよう》の星の印を　青春の額にかざし　紅顔の～」とあるように校章や制帽にも入れている六稜のマークを由来とした〝六稜魂〟という言葉がある。諦めない心と完遂する勇気などを表す言葉であり、心身ともに鍛えるため北野の生徒は3年間で三つの試練を受けなくてはならない。

ひとつ目が、縄跳び。卒業するまでに男子が二重飛びで前50回、後ろ20回。女子が前21回、後ろ11回以上。使用するのは市販のものではなく直系13ミリある本物の縄でクリアしなくてはならない。

二つ目が、50メートル×25メートルの大プールでの水泳大会。男女ともに4泳法が義務付けられている。

三つ目が、淀川の河川敷を走る〝断郊競走〟という男子10キロ、女子7キロの激走である。ちなみに運動が苦手だった手塚治虫は断郊競走で10位に入ったことが自信となり、創立100周年記念講演で、漫画を徹夜で描く際の粘りと根性は、この断郊競走によっ

て培われたと話したという。

部活動も盛んで、野球部は一九四九年（昭和二十四年）選抜甲子園で優勝（春4回、夏1回出場）、ラグビー部は全国大会6回出場、陸上部や水泳部は定期的にインターハイに出場する選手を輩出し、文武両道の名に恥じない成績を収めている。そして、一九四九年の選抜以来60年以上甲子園から遠ざかっている野球部が、二〇一六年秋季大会で大躍進を遂げたのだ。とはいっても、もはや古豪とも呼べないほど長らく低迷している北野野球部に対し、正直超進学校のお坊ちゃまたちがどんな野球をやるんだろう程度にしか思っていなかった。

しかし、そんな思いが瞬く間にすべて覆されたのだった。

準々決勝大阪桐蔭戦

二〇一七年（平成二十九年）選抜甲子園の選考会となる秋季大会で、関西地区では異例の事態が起こった。京都の超進学校洛西が京都府大会ベスト8、そして北野高校も大阪府大会ベスト8の快挙を成し遂げる。

就任5年目で28歳の小谷内《こやち》和宏青年監督（現在、府立和泉総合高校）は語る。

「大阪はシードがないので、全国トップレベル同士が一回戦で当たるかもしれないところがひとつ面白いところですね。やっぱり長所を生かすということに尽きる。自分たちの長所を生かして、できるだけ相手の長所が出ないように戦っていくことを心がける。勝負なので、何点取ったらじゃなくて、お互いのやりとりでもある。だから、こっちの力を最大限に生かしながら相手の力を封じていく。精神的にこっちは向かっていくだけなので絶対楽なんです。向こうは絶対に勝たなあかんという発想になるわけなので、その時点でかなり有利です」

ピッチャーの牧野斗威（現京都大）が、キレ味鋭いスライダーを武器にエースとして一人立ちしたのが、北野の快進撃を生んだ大きな要因と話す。その牧野を一人立ちさせたのがＯＢの津口竜一。一九七九年生まれで北野高校時代はエースだったが目立った成績を残せず、千葉大法学部に進学し、リーグの奪三振王にも輝いた千葉リーグを代表する投手だった。卒業後、ＴＤＫに入り、二〇〇六年の都市対抗優勝メンバー。身長１８１センチから繰り出す、スリークォーターのサウスポーのストレートは最速１４７キロ。二〇〇五年のドラフト候補生だったが、膝の靭帯を切り、北野高校プロ野球第一号は幻に終わった。

その津口がコーチとして一、二週間に一度グラウンドへ来て投手陣を教えることとなった。そして牧野が高校二年の夏合宿のときに、津口が付きっきりでピッチング練習を見た。一日150から200球ぐらい投げさせたのだ。それまで体力がなかったため多くの球数を放らせなかったが、体力がつき怪我の心配もないということで徹底的に投げ込みをさせたのだ。

この投げ込みのおかげで牧野自身、「これぐらいまで行けるんや」というバロメーターと、疲れてくるのは自分に何が足りないのかという弱点を知ったことが一番の収穫だった。さらに「俺の現役のときはこれぐらい走ったよ」と津口がコンディションによって走る量を示したことで、ランニングへの意識が変わった。最初はやらされていた感しかなかったが、走り込むことで球が良くなるという効果が体感でき、自発的に走るようになる。

「牧野の一番の良さは、腕の振りですね。腕の振りは本当に天性のものがあります。牧野自身何かを得ようという意欲で夏の合宿を迎えたんだと思います。ストレートが良くなり、あとはもうちょっと変化球を磨かなあかんなと思ったんですけど、ストレートで抑えられているからなかなか変化球の練習ができなかったんです」

小谷内監督は、夏合宿の練習によって牧野のストレートの質、キレが見違えるほど上がったのがわかった。怪我さえなければ間違いなくプロに行っていた、同じサウスポーであるOB津口の指導のおかげだと心から感謝した。質の上がったストレートは普通の高校生を寄せ付けなかった。しかしだ。

夏休みの終盤、桜宮《さくらのみや》高校と練習試合をしたときに、牧野のストレートはめった打ちを喰らう。大阪の強豪校にはどんなに速いストレートだろうと、それだけでは通用しない。自信を持って投げ込んだストレートが、いとも簡単に打ち込まれる。試合後、牧野は悔しくて悔しくて涙を零《こぼ》した。ただ、泣いただけで終わったのではない。ストレート以外の武器となる球を作らねばと考えた牧野は、きちんと打ち取れる変化球を取得することを決意。いくら１５０キロのストレートを持っていたって一本調子では打たれる。他の球とのコンビネーションによってこそ、ストレートが生かされる。投手としてピッチングスタイルの基本に立ち戻った牧野は、スライダーを磨くことに専念する。

秋季大会が始まり、三回戦から登板しどんどんスライダーが決まるようになり、あまりのキレの良さにキャッチャーの神田昴輝（現大阪大）が後ろに逸らすほど。小谷内監督は常々神田に「対戦相手のレベルが上がれば、あのスライダーを止めんとあかんぞ！」と口酸っぱく言っていたおかげで、四回戦以降神田は身を挺《てい》してキャッチングし、後ろに逸らすことはなくなった。

「全国トップレベルの強豪校はそうそう隙が出ないかもしれないですけど、出るんちゃうかなという心構えでずっといることが大事。こっちが崩れてしまったら、その時点で絶対に負けになります。そのためには、監督の指示もいきすぎたらダメだと思います。なぜなら、監督の言うことも外れることがあるからです」

自戒を込めて話す小谷内監督。実は、秋季大会四回戦常翔啓光学園《じょうしょうけいこう》戦で、ピッチャーの継投失敗の采配ミスを犯した。5回が終わり4対0とリードしているところで、次の試合が翌日ということも考えて先発牧野を外野に退け、松本祐輔をマウンドに上げる。しかし、この継投が失敗し4対4と追いつかれて、結局再び牧野をマウンドに上げて5対4で辛勝。

「追いつかれて僕がガクッときたんです。これで負けたらどうしようと一瞬過《よぎ》ったんですが、やっぱり監督を超えてくれるチームは強いと思いましたね。秋季大会は全部逆転勝ちなんです。このチームは不思議なことに、逆境に立った瞬間に必ずキャプテンの大山がしゃべるんですよ。『ここからや。まだまだ、ここからや』と。相手は代わったピッチャーを打ち崩して同点。流れを引き寄せているから、イケイケでもうこれで勝てると思っているところに、こっちがポーンと行くんですよ。相手からしたら〝こいつらまだまだ来るな〟と思った瞬間に、不思議なもので流れが変わって勝つ。このチームは素晴らしいと思います」

ある意味、指導者の手を離れたチームは強い。ブロックではなく力でもぎ取ったベスト8進出。そして、59年ぶりのベスト4入りを懸けて準々決勝で大阪桐蔭と対戦した。

結果は、7対0の7回コールドで敗退。だが選手たちには大差で負けたという敗北感はなかった。大阪桐蔭の一年生がとにかくすごいという声が、近畿一帯の高校野球関係者からひっきりなしに入ってくるほど、同校は名実ともに選手層が厚い。

先発は一年夏からベンチ入りのＭＡＸ１４７キロの根尾昂《ねおあきら》（現中日）。同じく一年夏からベンチ入りしている中学時代四度の全国優勝を誇る脅威の核弾頭・藤原恭大《きょうた》（現ロッテ）、走攻守すべてにおいて高いレベルの天才中川卓也（現早稲田大）などなど、全国のボーイズ、シニアのトップ選手がすべて大阪桐蔭に集結したかというほどのエリート野球軍団。翌年（二〇一八年）夏の甲子園１００回大会に照準を合わせたかのように、全国の逸材中の逸材を集め尽くした。そんな大阪桐蔭に対し、北野は一歩も引かなかった。

「速いとは聞いていましたが、初打席で見た球はイメージ通りでした。高めの球は伸びてましたね。中盤、変化球が増え、ストライク先行で簡単に打ち取られたことでリズムを作られた。こっちもフォアボールで出塁していたが、バント以外でランナーを進められなかったのが痛かったです」

大山亮《りょう》（現京都大）キャプテンは冷静に敗因を分析する。結果だけを見れば完敗かもしれないが、選手たちにとってまったく歯が立たない相手ではなかった。２安打を放った牧野は言う。

「根尾の球は確かに速かったけど、ストレートと変化球をしっかり見極めて打ちました。大阪桐蔭打線には11安打と打たれましたが、単打が多く、ここぞというときに三振も取れました。序盤うちが点を取っていれば、また流れも変わっていたかもしれません」

4回まで2対0と2点ビハインド。時おり制球が定まらない根尾に対し、3回先頭打者がフォアボールで出塁するものの塁を進めることができず、そのまま流れを大阪桐蔭に一気に持っていかれた。

「彼らには全国トップレベルのすごさを体感しましたけど、ここを磨けばというところが見つかっていればいいですね。やっぱり体験が一番素晴らしい。普段の練習でも体験なんです。理論武装だけしていてもあまり意味がない。できるかどうかというところを彼らは臆せず実践するからこそ、価値が出てきます」

小谷内監督の言うように、選手たちは頭が良く先を見通す力も備わりイメージも作ることができるが、それでも体験しないとわからないことがたくさんある。いろいろな選手に聞いて回ったが、今まで〝甲子園〟という場所は地理上でわかっていても、出場するためにどうすればいいのかわからない。むしろ遥《はる》か彼方《かなた》上空にある雲の上の存在にしか思えなかった。それが大阪桐蔭と戦ったことで、空中にあった甲子園が地上に舞い降り、距離感が一気に摑めるようになったのだ。

論理的なイメージと距離感さえ摑めれば、あとはどう戦術を立てて攻略していけばいいか。ゲーム感覚とは言わないまでも、欠点を補充し戦術戦略を立てて突き進む力は、超進学校の北野の生徒であればほとんどが持ち合わせている。

「ストレートとスライダーがインコースに決まれば、大阪桐蔭の打者といえども詰まることがあった。自信になりました」

　エースの牧野が新聞紙上にコメントを残したように、自分たちができる野球をすれば勝機は生まれてくる。弱点であるバッティングを強化しつつ、ディフェンス面をさらに鉄壁にしていく練習メニューを考える大山キャプテンを筆頭に、まずは春の近畿大会出場を目標としている。打倒桐蔭、そしてその次の目標は言わずと知れている。

首席も狙えるキャプテン

　4人の女子マネージャーが口を揃えて黄色い声で「何をやってもすごい！」と絶賛赤丸急上昇中なのが、セカンドを守る大山亮キャプテン。学年成績1位、打率、長打率、出塁率ともにチーム一。頭良し、顔良し、野球も上手い。優しさと責任感を持ち合わせ、常にチームのためにどう自分が対処するかを考えている、非の打ち所がないキャプテン。天は二物でも三物でも与える。

「常に学年1位というわけではありません。勉強は1時間半から2時間。しんどいときはやりませんが、毎日1時間半はやるようにしてます。入学したときは京大を志望していました。大学でも野球を続けたいのですが、野球をやるのだったら東大のほうがハイレベルと聞くものですから迷っています。でも、いろいろなことがやりたくて、そのひとつに留学というのもあります」

今回、東大の宮台投手の取材をしたこともあって、東大野球部の魅力を存分に伝えたところ、まんざらでもない様子だった。とにかく、はっきりと志望校を口にはしないが大学で野球をやりたいことが明確に決まっていることだけはわかった。そうなった理由にはOBの影響も多分にある。

二〇一四年、ロッテドラフト2位指名された京都大学出身の田中英祐《えいすけ》投手の同期で、四番ショートでベストナイン2回、現在京都大学大学院のOBの上田遥が学部学科セミナーという名目で、学科によっての勉強内容について話をしに北野に来た。学部は農学部に在籍し農業視察で各国を飛び回っている上田から、大山はヨーロッパの農業事情、食育等の話を聞き、おぼろげだった海外留学希望に拍車がかかった。優れた先輩は後輩にもいい影響を与えるものだ。

勉強でも優秀なように、野球においても高いレベルを自ら探求している。キャッチボールひとつ見ても、捕ってすぐ投げる動作を繰り返しやり、動作に無駄がない。頭脳明晰、仲間からの信望、留学希望、しきりに大学ではいろいろなことをやりたいと繰り返す。おそらく普通の企業家になるというわけではなく、勝手な憶測だが何か革新的なこ

Kitano

とをやりたいのではないだろうか……、大山キャプテンの瞳の奥に宿る夢を、つい覗きたい心境になった。

「新チームが始まったとき、狙うなら21世紀枠のほうが可能性として高く、秋の大会はベスト8という結果を残せましたので、夏に向けてベスト8からひとつでも二つでも勝てるように自分たちができることを今はやるだけです」

17歳にして話し方にまったく澱《よど》みがない。それに引き換え、私はあと数年で五十路《いそじ》を迎えようとしているのに澱みまくってばかりだ。

「中学校の軟式野球部に所属し、大阪府大会で3位を2回。ボーイズも考えたんですが、勉強もしっかりやりたかったんで、中学校の部活動に入って北野に行って21世紀枠を狙おうと思っていました」

他の選手と違って、北野が選抜甲子園優勝していることを入学前から知っており、勉強もできて甲子園も狙える学校として北野を選んだ。父親はパナソニックの役員、母親は元小学校の教師。二人の弟がいて、長男である大山キャプテンは親の期待に背くことなく、ここまで順調すぎるくらい順調にきている。

小谷内監督による第一印象は「入学当初はそんなに身体も大きくなく、平たく言うとミスを恐れる野球のプレーでしたね。守備範囲もそんなに広くなかったです。今でこそジャンピングスローや逆シングルをやりますが、当時はきちんと正面で捕ってアウトにするというスタイルでした」

　秋の府大会の準々決勝で、大阪桐蔭に敗れはしたものの堂々のベスト8。新チームになり、公式戦で全国トップレベルの大阪桐蔭と対戦したことで、北野ナインは何を得たのか大山キャプテンに聞いてみた。

「すべての面で劣っていますが、序盤こちらが点を取っていれば流れはどうなったかわかりません。点差ほど開きは感じられず、バッティングの強化を念頭に練習をしています」

　寸分の隙もない答えに、軽く意地悪したくなる衝動に駆られる。甲子園についての距離感をしつこく尋ねてみた。つまり、大阪という大激戦区で本気で甲子園に行けると思っているのかという内容だ。

「結果を求めるとダメなので、僕らが今できることをやるだけです」

　優等生らしい返しが来た。東大合格圏内にいれば、私レベルの質問なんか軽くいなせる。最後に本質的な質問をぶつけた。レベルの高いところで野球がやりたいかどうか。

「高いレベルで野球がやりたいです」

　即答だった。このときばかりは余所行《よそゆ》きの優等生の顔ではなく、純粋な野球少年の顔になる大山キャプテンだった。

自信を持つと人はこうも変われるのかと思うほど、昨年秋で大きく成長したサウスポーの牧野斗威。黒ぶち眼鏡がチャームポイントだ。言わずと知れた秋の大阪府大会ベスト8の立役者。実は、明治神宮大会優勝校の派遣事業として、5年ごとに台湾に遠征し親善試合をしているのだが、明治神宮大会優勝校の履正社《りせいしゃ》を中心とした大阪府選抜チームに、黒ぶち眼鏡をかけた牧野投手が選ばれたのだ。

「高野連から電話がかかってきたとき、なんかまずいことでもしたかな〜と思い、ヒヤヒヤしました。牧野が選抜チームに選ばれたとの連絡だったんですが、あまりに突然のことで最初よく意味がわからなかったです」

小谷内監督は、連絡があった当時のことを思い出しながら興奮気味に話してくれた。超進学校北野から大阪府選抜に選ばれること自体、青天の霹靂《へきれき》というか事件でもあった。

黒ぶち眼鏡をかけた牧野投手を見ると、ガリ勉くんが野球をやっているようにも見えるし、昭和初期の眼鏡をかけたプレーヤーのようにも見える。とにかく、見た目だけではよくわからない不思議なオーラを纏っている感じだ。

「秋の大会ではストレートの質、それとスライダーが一戦ごとに良くなっていくのが実感でき、自信になりました」

ハキハキしゃべり、聞いていて心地よい。北野に入るくらいだから優等生に決まっているが、どこか朴訥感《ぼくとつかん》がある。いいサウスポーというのは、石井一久《かずひさ》（元ヤクルト）や山本昌《まさ》（元中日）、井川慶（元阪神）といった一見ヌボーとしたタイプが多い。

「入ったときは何か不思議な子でしたね。中学校まで『こうせなあかんぞ』と言われずにきたのか、ボケーッとしとる。ボールを投げられたら楽しいなぐらいの感じで来たんちゃうかなと思うんですよね。こっちは、すごさに気付いてほしいなと思うんですけど、随分かかりましたね」

純粋無垢《むく》の少年の才能が、やっと開花し始めたことに小谷内監督は胸をなで下ろす。引退した三年生のチームでも牧野投手は投げる機会を与えてもらっていたが、コントロールが悪かったためガンガン打たれていた。二〇一六年春の大会でも先発してノックアウトを喰らい、夏の大会初戦寝屋川戦では1点リードのところでマウンドに上がったが、同点タイムリーを打たれて延長で負けている。

「自分のせいで負けたという捉え方が彼はできていて、そういう経験を三年生がさせてくれたことが、間違いなく秋の結果に繋がっていますね」

小谷内監督は、まだまだ伸びしろのある牧野投手が結果を出して自信を持ったことを機に、さらなる飛躍を求めている。そんな監督の気持ちを知ってか知らずか、牧野投手は俄然《がぜん》マイペース。

「進学率が高いから北野に来ました。部活動が盛んであることは知っていましたが、自分の実力や激戦区ということも考えて、野球よりも勉強のほうに重きを置くつもりでした」

北野に入学し野球部に入部したが、最初は勉強のほうを頑張ろうと思った。しかし、野球をやっているうちに楽しくなり、今は野球のほうが勉強より比重が大きい。

「今はまだプロを考えてないですが、京大に行って10年20年活躍できる自信がついたときにプロを考えます」

プロを意識している発言としか聞こえない。正直だ。京大工学部を志望する牧野投手の未来設計はすでに図面が引かれている。取材が終わり、お礼を言うとすかさず「ありがとうございました」と自信に満ちた溌剌《はつらつ》とした声が届く。ボヤーッとした天然の牧野投手はもういない。溢《あふ》れんばかりの自尊心と矜持《きようじ》を備えつつ、夢を守るために一歩ずつ階段を登っている。

「寒くないです。冬でも半袖で学校へ来ます」

身を切るような冷たい風が吹きすさぶ中、どこ吹く風と半袖でも元気な一年生武井宏樹は、ドリフの母ちゃんコントに出てくる志村けん、加藤茶のような愛くるしい雰囲気を醸し出す。みんなから好かれるというのはこういう子なんだと実感させられ、見ているだけでほんわかさせられる。そんな武井が独学でスペイン語を習っていることを知り、どういった経緯でそうなったのかに興味をそそられた。

Kitano

「母が諸外国に興味を持っており、小学生の頃イギリスへ行ったとき母の友人の旦那さんがスペイン人で、そのとき会話したのが面白いなぁと強烈に記憶に残っていたんでしょうね。僕は広島カープのファンなんですが、ラテン系の選手がヒーローインタビューを受けていて、その隣りで通訳しているのを見ていいなぁと思ったのがきっかけで勉強を始めました」

どんなきっかけでも構わないが、ヒーローインタビューのお立ち台でスペイン語の通訳を見て、なりたいと思う高校生は全国広しと言えども武井くらいだろう。思い立ったら吉日で、武井は早速スペイン語の通訳になるための準備として、パソコンを使ってオンライン講座でスペイン語を勉強し始める。あり得ない面白さに「カープの編成に知り合いがいるからいつか紹介するよ」と、つい大人の社交辞令的なことを言うと、

「ぜひ、お願いします。それまで一生懸命勉強します」

目をキラキラさせながら答える武井。その瞳を見てしまった以上、時期が来たらちゃんと紹介しようと心に誓った。約束を守ることは、たとえ偏差値50でもできる。

武井の父も母も医者であり、祖父が開業医だったため武井自身が三代目となる。当然、医者になるのが義務付けられていると思ったら、「別に何も言われてないです。好きなことをやれとしか言わないです。勉強しろとも言われないです」。

明朗快活な武井はきちんと親の背中を見ており、医者の道も視野に入れているという。

京大の医学部、または阪大の医学部を目指しているが、今のままでは遥か遠い道のりだということもわかっている。

「武井を見ていたらわかります。親からそんなに口うるさく言われていないって。何でもやりなさいよという風にしないと、いろんなことに興味津々な子にはならない。本当に素晴らしい。結局、医者も選択肢のひとつに入っているわけなので、両親への憧れというのがあるんだと思います」

小谷内監督は、武井の奔放さが可愛くて目を細めている。

せっかくだからスペイン語で挨拶してみてと頼むと、「わかりました」と二つ返事で快諾。

「Me Takei dice.Vivo en Osaka. Ahora pertenecen al club de béisbol. Estudio y el béisbol es un equilibrio difícil, pero trabajar más duro.（私は武井と言います。大阪に住んでいます。今野球部に所属しています。勉強と野球は難しいバランスですが、頑張ります）」

自己紹介をスペイン語で話す。そこには16歳という年齢を感じさせないほど堂に入っている武井がいた。すかさず「Gracias（ありがとう）」とスペイン語でお礼を言うと、武井は満面の笑みを返してくれた。

不意に半袖から出ている腕を見ると、寒イボがたくさん浮き出ていたのですかさず、

「本当は寒いんでしょ？」

「い、いや、寒くないです。失礼します」

震える声を隠すため声を張り、元気に走って外野守備位置についた。

最下位も東大を狙え！

現在（二〇一七年三月）、二年生10人、一年生13人いるが、ほぼ全員が京大志望を声高らかに宣言し、東大を視野に入れているのは大山キャプテン以外ひとりもいなかった。あまりに京大京大と言うものだから、京大って簡単に入れるものなんだと錯覚を起こしてしまった。常時こんな感覚なものだから、筆者はいつまでたっても頭が痛い行動と発言をしてしまうのである。

筑波大出身で北野ＯＢの小谷内監督は、専門分野ではないということで慎重に話してくれた。

「一概には言えないと思いますけれども、東大と京大での校風が違うことも関係しているのかもしれません。もともと大学のできた経緯として、東大は官僚といった国の要職にあたる人間を養成する学校で、京大は学問を追究する研究者を育てる学校というイメージがどこか定着していることにも起因しているのかもしれません。うちは、伝統的に理系に強い高校のように思われます。数学や物理といった研究者タイプの子が結構いて、誰が言い始めたかわからないですが、理系的な空気感があるのが京大ということになっているような気がしますね」

学者のＯＢには、京大名誉教授で50冊以上の著書を出版し日本有数の数学者だった森《もり》毅《つよし》、手塚治虫の同級生でお茶の水博士のモデルのひとりである人工心臓の世界的権威の医学者渥美和彦《あつみかずひこ》などなど、優れた業績をあげた理系の学者が山ほどいる。〝漫画界の神様〟手塚治虫が大阪大学医学部に進学したのは有名な話だが、彼の代表作『ブラック・ジャック』を読んで医者を目指す生徒が多いという。偉大なる先輩の偉大なる作品に影響を受けて医学の道を志す。手塚先生も草葉の陰でさぞお喜びであろう。京大の先生方も講演等で北野に来る機会が多く、文武両道で自由な校風という北野が、地理的要因も手伝い京大へ流れるのは自然の摂理でもある。

自分の中でチャレンジをしたいとき、周りが「俺もそういう考えや」と賛同したり、「俺もやったことあるよ」という先輩がいたりすれば自然と後押しになる。普通は挑戦することがちょっと恥ずかしかったり、これはやりすぎかなと思うもの。自然にチャレンジできる環境があることが北野の一番の素晴らしさでもあり、財産でもある。

よく進学校で言われるのが、トップクラスの層は放っておいても東大京大を目指し入っていく。北野のトップ層は、ずばり50位くらいまで。野球部の選手に聞いても、50位以内にいれば京大は合格確実、100位以内で合格圏内。これが超進学校のレベルである。だからといって50位以内の子でも不安は拭えないらしい。

「不安なんですよ。常に自分が何位かと気にしている子もいる。精神的にはまだまだ幼いけれども実力はあるんです。そういう子は目をかけておいてあげないといけない。30位だったのが50位ぐらいに落ちると、すごいショックを受けてるとか……そんな子がときどきいます」

周りの秀才と比べて自分を過小評価するのではなく、「周りの子にいい影響を受けて自分を高める場所が、北野高校なんだよ」というのを常に伝えている。

予備校のデータを見ると北野は年々上がってきており、高校二年で50位以内にいれば、京大よりももうワンランク上の東大を狙ってもいいとさえ言われる。結局、首席だろうと最下位にいようと、東大を目指したければそれでいい。順位はあくまでも合格率を示す指標であって、順位を上げるために勉強をしているのではない。目指す大学に合格するために勉強しているのだから。

いくら大阪府立ナンバーワンの進学実績を誇る西の雄北野といえども、勉強の仕方がわからない子がたまにいる。それは、中学時代に丸暗記をして勉強ができたタイプの子に多いらしい。

受験科目を大きくカテゴライズすると、暗記物は筆頭に社会。英語に関して言えば、単語、熟語、文法を暗記さえすれば受験英語はなんとかなる。理科も化学に関しては暗記に近い。国語も読解力が重要といわれるが、漢文、古典の文法、漢字はともに暗記。要は数学のみが論理的思考が必要となる科目である。

基礎的なことをきちんとロジカルに覚えていけばいいものを、いきなり難解な問題の解答例を暗記して別物として覚えてしまうものだから、体系的数学的概念が身に付かず、定理を用いて論理展開できないでいる。そういう生徒に関しては、小谷内監督も保健体育の教員として担任を持っている身でもあり、積極的に声をかけている。

名門北野だからといって、すべての生徒が品行方正とは限らない。精神は品行方正であっても装いがそうじゃない子もいる。特に女生徒を見るとピアスをしている子がチラホラ。体育の授業ではピアスは絶対に危ないので装飾品は外せと指導するが、普段の私生活において華美になりすぎないようにしていれば、そこまできつく言わない。今の時代、ピアスはファッションの一部として認知されつつあり、特に都会の高校であればそう珍しいことでもない。一方、頭髪を茶髪にしたりするのは、一種のサインの現れ。

「どっちかというと『なんで、そんなんしてんねや？』というところから、『どういう悩みがあるんかな？』と探る方向に行き、その結果『この子はこのままにしておこうか』というパターンで落ち着く場合もあれば、ちゃんと指導する場合もある。うちは

『あの子が染めてるから、私もしよう』と広がっていかないですから」

　成績優秀で超進学校に入ったから生まれる反発、いうなれば自我が芽生えるということだ。今までは学校や親の言う通りにして中学校で一番の成績を取ってきたのに、超進学校に入ると見たこともないような低い点数を取る。「今までも周りの大人の言う通りにしてきたのに、北野に入ると真ん中よりも下」といった劣等意識が出てきて、子どもたちは思い悩み始める。

「そうか、親の言うことも絶対じゃないなら、やりたいことやろう」

　一瞬、ヤケになりがちな感情が沸き起こるが、根本は優等生なので「でも私って何を考えてるんやろう」と自分を見つめ直し答えが出ないまま悶々《もんもん》としている。そこで生まれて初めて一回はみ出し、周りに叱られて、自分というものを再確認するのだろう。

　一九八〇年『3年B組金八先生』第2シリーズで「腐ったミカンの方程式」という論理が社会現象を巻き起こした。〝腐ったミカン〟とは、出来の悪い素行不良の生徒を指す。ダンボールに入ったミカンの中にひとつでも腐ったミカンが混じっていると、そこから腐敗が広まって周辺のミカンも腐り始める。だからその腐ったミカンを放り出すことで、他のミカンを守る。北野高校にはそんな論理は当てはまらない。たとえ腐ったミカンがあったとしても絶対に他まで腐らない。みんなが目的意識を高く設定し邁進《まいしん》しているからだ。

16、17、18歳の多感な時期だからこそ、いろいろな経験をしていくもの。だからクラブ活動を積極的に奨励し、仲間とともに汗を流し、そこで情緒を育み、思考力、判断力、表現力を豊かにする。机の上だけでは学べないことがクラブ活動にはたくさんある。クラブ活動を一生懸命行うことで、人生において最も大切なことを学ぶのは間違いない。その学びの成果が発揮されるのは高校を卒業して20年30年後かもしれないが、そのときはきっと一生の宝を手に入れた喜びで感謝するはずだ。

授業時間は1時限65分で5限まである。土日休みの完全週休2日制。0限、6限といった特別授業もなく、夏は1限目が午前8時10分、冬は午前8時30分授業開始。5限は夏15時、冬は15時20分に終わり、そこから部活動で18時15分完全下校。練習時間は2時間30分弱。試験前一週間は部活動禁止だが、公式戦前と一人ひとりでやる自主練はＯＫ。ただ自主練の場合は、17時には下校という縛りが一応ある。偏差値が70を超える学校の部活動にしてはかなり緩い気がする。

授業スタイルも時代の変化に伴い、パソコンを導入しパワーポイントを使って授業を進める先生も多い。例えば、英語の授業でパワーポイントを使って英文を出し、チョーク機能でアンダーラインをきちんと書き込める画面になっている。つまり英文をいちいち書く手間と時間が省け、より密に授業が進められるのだ。黒板に書く時間が単純に減ることで授業の情報量はかなり増える。スマホの使用も授業中以外は自由、ただ掲示板や黒板を写真で撮るという場合は使用ＯＫ。デジタル化に追いついていないのは大人だけである。

温厚で知られる小谷内監督は、今の授業スタイルに苦言を呈する。

「僕自身ちょっと違うなと思っています。やっぱり知識先行になるんですよね。目新しいことを教えた人が偉いみたいな感じになり、まさしく野球の世界と一緒。学力とは何なのかなと考えると、この子らにどういう力があったらいいのかなといったときに、情報を自分の中で組み立てて、いろいろな過程を経て論じられる力だと思うんです。情報が多いため方法が無数にある世の中です。『こういう気持ちがあったからこの方法を選び、今こういう風にやっているんです』ということをきちんと論じられれば、新しい手法があるからといって飛びつかない。教育はまさに人と人との繋がりの中で行われ、どのように繋がっているかわからなくなれば動物と一緒。そんな考えでいると、数学が単なる穴埋め問題に見えてしまう」

昨今では勉強も野球も新しい方法で教えることが最先端であり、それがモードとなる。しかし、勉強は知識を植え付ければいいというものではなく、論理的思考を養い、原理を見つめ応用していく力こそが勉強を通して身に付くもの。ただ知識を増やすことだけを求めるのであれば、クイズ王になるのとなんら変わらない。巷で耳にするのは、教師

といえども今の子どもたちと知識の比べ合いをしたら絶対に負けると。しかし、教育は知識の詰め込み競争ではない。

「京大で授業の研究をされている先生が来て、『板書とパワーポイントの違いは何でしょうか』と問題提起したんです。パワーポイントはスクリーンに映し出され、クリックするごとに画面が変わっていく。板書だとまずノートに写す作業になるが、ノートに書いているときでも黒板の前の部分を見返せる。パワーポイントだと次の画面に移ったらその前がわからないんです。でも板書だとわからなくなったときに自分でもう一度辿ることができるんです」

野球もまさに同じだ。チームに勝利を呼び込むために、ちゃんと自身のプレーを辿れて見直せるかどうか。野球は9回までに流れが変わるキーポイントのプレーが必ずあるが、その流れが変わる過程をどう理解できているか。

例えば1、2打席目三振でも、それまでの試合状況、相手の配球パターンを読んでいけば3打席目に打てる確率は必然的に高くなるもの。そう考えると、序盤にもしリードされたとしても焦ることはないし、逆にリードしていてもまだまだ油断できないとなる。要するに、どういう試合展開になっても自分の力は絶えず発揮できるのが野球である。

行き着いた指導法

大阪市内の公立では珍しいほど、十分な広さのグラウンドで練習できる北野。それでもサッカー部や陸上部、ラグビー部と兼用のためフリーバッティングやノックは制約される。全面を使って練習ができるのは毎週木曜日のみ。

初めてノックを見せてもらったときに驚いたことがある。エラーや暴投をしても小谷内監督は決して怒らない。多少は声をかけるが、淡々とノックをするだけ。所詮、超進学校の練習はこんなものなのか、とここぞとばかり呆《あき》れながら見ていた。ノックが終わり、小谷内監督がベンチ脇に来たので、すかさず隣りに近寄ったときだ。

「彼らはすでにミスを経験しているんです。勉強で十分に――」

グラウンドでバッティング練習している選手を見ながら穏やかに口を開く。この言葉を不意に聞かされハッとした。私の心中を読み取ってかけてくれた言葉なのだが、小谷内監督の指導法に対し、ちょっと高校野球の取材をしているからといって、上から目線で見ていた自分が恥ずかしくなった。そのときから28歳という年齢への偏見をとっぱらって、小谷内監督を真正面から見ようと心がけたのだ。

小谷内監督の両親がともに体育教師で大学までバレーボール選手だったせいか、幼い頃はジャンプばかりしていた記憶があるという。父親は１７０センチそこそこでアタッカーだったが、途中からレシーバーになった経緯もあり「バレーは身長が高くないと難しい」という思いがあったのか、身長があまり高くなかった息子には強制的にバレーをさせなかった。そのおかげで野球にのめり込むことになる。

北野での現役時代、最後の夏はベスト16。健闘したほうである。他の部活動も成績が良く、サッカー部ベスト16、さらに10人制ラグビーが府大会で優勝し、当時のキャプテンが慶應ラグビー部で試合に出るなど有望な人材が豊富で、互いに切《せっ》磋《さ》琢《たく》磨《ま》し合って部のトレーニングルームがひしめき合っている良き環境だった。

筑波に進学したきっかけは、進路でモヤモヤしている頃、筑波に行っているＯＢが夏の練習に来た際にいろいろな話を聞き、大学でも野球を続けたいと決心。国立大学で野球が強いところでやりたいと思い、筑波大学に進学する。同期で大学でも野球を続けたのは、和歌山大、神戸大、一浪して東大、そして筑波の小谷内の4人だった。

「基本的には自分で考え、物事をいろいろな方面から見て、自分で判断するのが進学校の野球だと思います。それを自分でできたというのは良かったですね。僕はプレーヤーとしては大学でダメでしたけれども、その場に身を置けたというのは良かったです」

筑波では芽が出なかったが、いろいろな野球を教えてもらい、結局就活もせずに教員採用試験だけ受けて合格し、赴任先がいきなり母校の北野となる。

初年度の1年間はコーチとして野球部の面倒を見て、2年目から監督に就任。24歳の血気盛んな小谷内監督は、希望を胸にガンガン熱意を押し出した。

「今考えると恥ずかしいです（笑）。『こういう野球が正しい、レベルの高い大学はこんなんなんやで』と平気で言ってました。子どもたちはいきなりそんなことを言われてもわからない。トレーニングで『これをやれ』と言ってもなんでやるのかもわからないし、ミスを指摘するような指導で選手を減点法で見てしまっていました。その前段階があるはずやのに、大学でやっていた野球のような感じで指導してましたね」

筑波で多様性のある細かい野球を学び、母校北野に戻り筑波で教わった野球を取り入れようとした。しかし、それは取り入れるのではなく単なる押し付けにすぎなかった。

二〇一〇年沖縄代表の興南《こうなん》が、史上6校目の春夏連覇を達成。社会人野球で優勝、そして社会人監督経験者の興南我喜屋優《がきやまさる》監督が、高校野球に社会人野球を持ち込み連覇したとして話題をさらった。別に社会人野球をそのまま取り込んだのではない。高校球児に社会人と同じような規律と自覚を植え付けて、野球に打ち込ませたのである。だが、小谷内監督は自分が学んだ野球、トレーニング方法から技術から何から何まで余すところなく教えようとした。そして、ある日、選手たちが青白い顔をして苦しそうに野球をやっていることに気付く。

「選手がどんどんしんどそうになっていったんです。それに比例して学校の成績も落ちてきたりする子も出てきました。中には野球のことが嫌いになっている子もいるように見え〝ああ違うわ〟と思い直しました。いかに監督の仕事を減らすかが僕の仕事なんやということに気付いたんです」

教育のひとつのゴールとして〝自立〟がある。どんなことがあってもなんとか自分で解決し、ひとりで逞《たくま》しくやっていく。その子が行きたいという道で活躍するためには手を放してあげる。それなのに「こうやっておけば大丈夫やで！」と、指導というより強制的なことばかり言い、自立とは真逆のことをやっていた。それに気付いてからは、選手自らが考えられるようになるべく自分が消えることを心がけた。それともうひとつ配慮していることがある。それは、〝ミスを責めないようにしている〟ことだ。

「彼らは勉強において自分のミスを経験している。ミスをすることが怖くて仕方がない。だから体育のサッカーでもあまりシュートに行かない。日本はやっぱり〝間《ま》〟を読むというか、人に遠慮する文化だと思うのですが、それがちょっと過剰すぎて悪い方向に行っている気がします。いろいろ失敗をしながら間を読むようになったらいいと思うのですが、僕が先に『間を読め、間を読め』と言いすぎたら、逆にがんじがらめになってしまう。そうすると嫌いなことがどんどん増えていくと思うんですよ。ゴルフに行っても最初に叩いたとしたら、ゴルフが嫌いになってしまう。そういう生き方はやっぱり辛《つら》いですよね」

　安全に安全に行ってしまうということは、どんどん限定される人生になるということ。チャレンジして10回に2回ぐらい成功できたら面白い、という発想も時には大事である。

　男女交際にしても、どんどんするべきだと奨励している。生活の手引きには、男女交際について公明正大を保つといった微妙な意味合いで書かれているらしいが、校則違反でないならどんどん交際すればいい。

「自分にないものを自分で客観視して、相手に気に入られるようにアプローチする。営業の方にとって必要なことですよね。交際は大いにいいことです」

　取材して感じたのは、北野の選手たちは自分の立場がよく見えている。それはいいことでもあるが、一方で進学校にありがちで、先を見通す力が長《た》けているため可能性を狭めているようにも思える。サウスポーの牧野などは、現在の自分の立場と実力を鑑みて謙遜してコメントを出しているが、秋の大会で得た自信により、プロというのがぼんやり見えたはずだ。何かの拍子でそのことを小谷内監督に告げると、

「一番大きいチャレンジは何かと考えたときに、日本の大学からでも社会人を経てからでもいいので、メジャー挑戦というか３Ａでもいいので海外の野球に挑戦するという子が出てきてほしいと思います。もうひとつは海外の大学を受験する子が出てくることが僕の目標なんです。アメリカの大学は結構お金がかかる私学も多いので、パブリックス

クールでもいいですし、大山みたいに留学という方法でもいいと思います。東大に何十人というのは現実的に過去にもあるので、落ちてもいいので海外の大学を受験するという子が出たら嬉しいなと思っていますね」

夢を持たなければ人間は前進していけない。頭が良いほど夢を切り離して現実路線へと移行するが、別にそれが悪いと言っているのではない。中には、誰かに踏みならされた道を歩いていても面白くないと思う者がいるはずだ。体裁やメンツで動けないなら、そんなものは捨てちまえ。心の中で大事にしているものをひけらかしていいんだよ、小谷内監督はそう言いたいのである。

硬式出身者の弊害

大阪といえばボーイズリーグの発祥地であるのに、北野にはボーイズ出身者はほとんど入学してこない。2、3年にひとりいるかいないかだ。全国の高校野球の指導者によく質問するのが、硬式出身者と軟式出身者との違い。総体的な意見としては、入学時には差があるが結論的にはどっちの出身者だろうと上手いやつは上手い。しかし、小谷内監督はきっぱり断言する。

「技術的には硬式出身者のほうがあると思います。特に守備はすごくあると思います。しかし、技術は何とでもなりますが、厄介なのは内面の部分ですね。人の話を素直に聞けなくなる気がします。硬式で教え込まれていると、『これがいいんや』というひとつの方法にすがっちゃっているので自由な発想がないんです。今でこそ、西武の森友哉《ともや》選手が小さい身体であんなスイングをしていますが、『野球ちゅうのはこうやって打つもんなんや』といった感じで限定的になっている。それは勝つための技術なんでしょうが、本質から見ると違いますよね。硬式をやっている弊害のほうが最近は多いかなとは思います。教わったことと少しでも違うことをさせられると『この人はちょっと違うな』と人の話を遮断する傾向があります」

　ここまでハッキリと言った指導者は初めてだった。

　長年取材して感じていたのは、50歳以上の名将たちは中学まで軟式をやっていた人がほとんどだから、野球人として軟式を否定することはできない。しかし昨今の強豪校のレギュラーはほとんど硬式出身者である。軟式出身者がダメというのではなく、時代の風潮もあってレベルの高い選手がみんな硬式に流れているだけのこと。その硬式出身者を一刀両断したのはある意味痛快だった。技術云々ではなく精神的な部分で弊害が出ていると。

　これは今の世の中にも通じることで、科学医学が目まぐるしく進歩しＩＴが一般言語化するほど、すべての分野で効率良くオートメーション化されている。野球界においても科学式トレーニングが最先端であり、医学の発達により運動生理学をもとに、コンディショニングメニューを組み立てるといった科学的合理性にもとづいて分析されている時代。情報が簡単に入手できるため、日本野球界もメジャーをトップとしたヒエラルキーが形成されている感がある。

メジャーのトレーニング方法がすべて正しいわけではなく、日本には四季があり、そして春夏と甲子園がある。その年代年代によって環境、体質、メンタル等を加味しながらトレーニングメニューを組み、学校、指導者、父兄が三位一体になって涙ぐましい環境作りをやっているのに、〝それは最先端じゃない〟、〝教えてもらってきた野球ではない〟と全否定されたらたまったもんじゃない。信念を貫くことはいいが、聞く耳を持ってこそ、その信念は強固になるものだ。

高校野球のレベルは、誰が見ても上がっていることは言わずもがなである。プロ野球、大学野球を見ても、高校を卒業したばかりの選手がある程度通用していることが明白である。打つ、投げる、走るとすべてにおいて20年前とは雲泥の差。しかし、レベルが上がる一方、下がっている部分もあると小谷内監督は言う。

「間合い。間合いを外すということができなくなっているのではないかと思います。よくプロの方が、ここでチェンジアップをもう1球放るとか、フォームの緩急をもうひとつ付けろと指示するようなことが、端的に表れています。もう投げる前から〝これを投げるんだ〟といって投げている感じで、相手と勝負をしているというより自分のベストボールを追求しているだけ」

そもそも日本の野球は〝間を外していく〟のが基本。１５０キロ以上のスピードボールでバッターをなで斬るのは一部の投手だけ。緩急を使っていかにタイミングを外すか。〝間〟の大切さ。

笑いにしてもそうだ。例えばアメリカの笑いはスタンダップコメディーであるのに対し、日本の笑いは間を外さずに絶妙な間を取り合って成立する漫才が主流。その一方で、日本の武道である柔道、剣道は、その一瞬の間を外すせめぎ合いが重要だ。つまり、ひとつの〝間〟が勝負を決する文化が日本。最高峰のメジャーもいいが、日本人として生まれ日本の野球をやっているのなら、原点に立ち返るのも大事だ。

取材を始める前に小谷内監督から、選手たちに対しどういう風に接していくのかという質問を受け、できるだけ選手たちを大人として見て接していくつもりですと答えると、「確かに僕も大事にしているところですね。生徒と接するときに、褒めるんじゃなくて認めてあげる。偉いな、すごいなという意味ではなく、『え、そんなんできんの？』といった感じでかかわる。うちの学校には、想像できないくらい、すごいのがいるんです。

教員が上からというよりも、ちょっと横に並ぶぐらいの感じでいるのがちょうどいいのかもしれません。もちろん、高校生ですから未熟な部分も当然ありますが、大人扱いしてあげるとみんな伸びる感じはしますね」

野球でも同じようなことが言える。〝そこは任せた〟といえるプレーヤーが夏の最後の大会に何人いるかで、戦い方が全然違ってくる。チャレンジしていく場面があってこそ、進化する場面が生まれてくる。その集大成を夏の大会で発揮し、チームとして何を求めているかを先に先に考えてプレーすることが一人前、つまり任せられる選手なのだ。

ある部分では大人として扱いながらも、選手たちに口を酸っぱくして言うことがある。

「うちが一番迷惑をかけている部活やで」と。

「やっぱり野球部は特別やと思います。それをどう捉えるかですね。特別扱いしてもらえる部活と思うのは間違っている。バックネットは体育の授業では要らないですし、マウンドなんてサッカー、ラグビーをするには危ないだけですから。体育祭といった行事のときは、マウンドがあるから会場を作るのにも大変なんです。そういうことは選手に必ず言います。『体育で野球の授業なんてないからな。それで野球のボールがここに落ちてたら野球部の評判どうなるんや。おまえら、野球をさせてもらってるんやからな。だから、遅刻をするな、忘れ物をしない、ゴミがあったら拾う。当然や、お世話になってるんやから』と言います。特別だからこそ感謝の心を忘れず、行動で示していくんです」

学校が協力して、十分な環境の中で野球をやらせてもらえることをありがたく思い、それに対して自分は何ができるのかを考える。野球部の活動で、サッカー部が活気づき、ラグビー部も陸上部も好成績を挙げ、グラウンド全体が元気になることが野球部の存在価値ともいえる。

「善悪を教えるというよりも、自分で考えられるようになって卒業していってほしい。困ったら、これをどうやって解決しようかという課題解決型の野球を目指します。教科書に載っていたから、それを学んで良くなったという訳ではなく、そこに何か意図や筋道があって、自分で組み立てられる野球をしてほしいと思います。ひょんな拍子でスイッチが入り真剣にやりたいというものができれば、北野はどこまでも行ける子たちばかりなので、その邪魔だけはせんようにしようかなと思っています」

小谷内監督は静かに熱く、自戒を込めるように語った。

北野から将来日本の中枢を動かすような人材が出てくる可能性は大いにある。その類いまれな人材たちの邪魔にならないように、スイッチを入れてやる手助けが教師の務め。どんなに偏差値が高かろうが、どんなに点数を取ろうが、人間の感情は数値では計れない。ノーベル賞級の論理やフィールズ賞級の定理など用いなくても、誰もが抱くことができる二つの意識さえあれば前を向いて登っていける。

〝夢〟と〝希望〟。

巷に溢れかえっている言葉に思えるが、普遍的な言葉だからこそ今日まで、尊い言葉として残っているのだ。

「甲子園……秋のときは夢を見ましたね。良いことも考えるのですが、こうなったらどうしようとか悪いこともいろいろ考えて……。でも喜んでくれる方のほうが圧倒的に多いと思うので、やっぱりいいですよね」

惜しげもなく夢を語り、ニコニコしながら話す小谷内監督。

そして最後にこうも語った。

「恥ずかしい夢などひとつもない」

第3限　北海道立北海道札幌南高等学校

堅忍不抜
自主自律

東大か、それとも北大医学部か

195万人都市である札幌市は、北海道の人口の36%を占めている。面積は東京23区の1・8倍も大きい。そんな大都市札幌にある道立の北海道札幌南高校。もちろん北海道一の超名門進学校で、卒業生には、任天堂の元社長である岩田聡《さとる》（故人）、家具・インテリア製造小売り大手ニトリの白井俊之社長、直木賞作家の渡辺淳一（故人）、その渡辺と同期なのがSF作家の荒巻義雄《あらまきよしお》と、さまざまな業界の第一人者を輩出している。

部活動加入率は兼部者を含めると100%超で、バスケットボール部は一九四七年（昭和二十二年）第2回国体優勝、野球部は三度の夏の甲子園出場（一九二七、三九、二〇〇〇年）と名実共に文武両道である。そして、一大名物となっているのが卒業式。卒業生全員が仮装で来場し、クラス代表が壇上で卒業証書を受け取ると、マイクパフォーマンスが行われる。地元のメディアも駆けつけるなど、札幌の早春の風物詩でもある。

「どうもどうも！」

ニコニコ顔で出迎えていただいたのは、野球部監督の池田賢。網走南ヶ丘《あばしりみなみがおか》高から筑波大学卒業後、母校網走南ヶ丘で体育教師をやり、二〇〇七年に赴任し今年で11年目。

筑波大学での同期に、サッカーの井原正巳《いはらまさみ》、中山雅史《まさし》、バレーボール日本代表監督の中垣内《なかがいち》祐一《ゆういち》らがいる。そんな池田監督にじっくり話を聞いてみることにした。

札幌南の進学実績がここ4、5年ものすごく伸びているという。

今から8年前に学区制を撤廃したことで、札幌全域の優秀な子が集まるようになった。特筆すべきが、医学部を志望する生徒が多いこと。

「北海道のお医者さんは、札幌南出身の方がたくさんいます。今の生徒の中にも、父親が北海道大学病院の先生や医学部教授がいますね。驚いたのが、土日にやる練習試合でデッドボールが当たったりする事故があった場合、休みの日なので救急病院に行くしかないところ、父兄のお医者さんの一言で、『うちの病院へ連れていって』と、救急車でビューンと行ってすぐに処置をしてもらったり、本当にありがたいことです」

一年生時の医学部志望は、8クラスのうち100人ぐらい。徐々に削られて最終的に50人前後、多い年で60人が医学部を受験する。中には箸にも棒にもかからない生徒も受けたりする。医学部を受験する生徒は、代々医者の子どもばかりではなく、普通のサラリーマンの家庭の子もいる。「医学部へ行きたいなら札幌南高」というイメージが定着しているのだという。

二〇一九年の国公立大医学部医学科合格者数が56人。全国で8位、公立高校に限っていえば1位。

以前は、東大京大の上積みが多いときは北大（北海道大学）の合格者数が目減りするという感じだったが、今は全体が底上げされているため東大京大医学系の合格者数も北大の合格者数も増えている。

「野球部でも、2年続けて現役で札幌医大に入っていますから。今年もうまくいけば二人が医学系に行きますよ」

現在、池田監督は三年生の副担任でもあるため、生徒の進路にはことさら敏感だ。

「うちの野球部は、昔から伝統で〝札南野球部は浪人覚悟で、みんな野球をやっている〟という風潮があります。野球に懸ける意気込みという点ではすごくいい学校だし、九〇年代から受け継がれている伝統が今も継承されています。ただ、我々教師の立場としては野球だけではダメじゃないですか。だけど、ここの野球部が何で私学と張り合えるのかといったら、そこまで真剣になれるからだと思います。昔から受け継がれている部分だし、野球が終わったら今度は勉強に切り替える。だけど昔の連中は、切り替えてもそれまでやっていなかった分が多すぎた。今の連中は、入ってきたときのレベルの高さがあるうえに、自分たちで地道に努力している子が増えたんです。だから医学部に受かったり、結果に結びついているんではないかな」

これだけの超名門進学校ゆえに、顧問をしている部員の進路も当然、他の先生から注目されているだろう。ましてや毎日どの部活よりも遅くまで練習している野球部から、現役で国公立の医学部に入ることは至難の業であるだけに、池田監督の喜びもひとしおだろう。

「親御さんたちは教育に関してものすごく理解はあるし、そこにお金を投資しているから知識もあります。生半可な教師では太刀打ちできません。だから進路指導で親と話すときに生徒指導的な話はまったくなく、あくまでも進路指導として『北大の医学部は今の状況ではかなり厳しい』と言えば、向こうからは『北大の問題はこうで、例えば札幌医科大学の問題はこうですよね、先生』といったピンポイントで質問してくるので、辛いですよね」

総合大学の場合、例年と同じような問題が出題される傾向があり、当然医学部は高得点勝負。単科のほうはストイックな教授が問題を作成するので、かなりマニアックな問題となり低得点勝負となる。そうなると、北大医学部志望者と単科大学医学部志望者を考えたときに、二次試験をきちんと分析し、二次試験の点をちゃんと取れるのであれば北大にゴーサインを出す。二次試験で点が取れないなら、一般的に二次試験で点が取りづらい大学を勧める。そういう分析もあって、最近医学部の合格者が伸びている。

昔は、「北大に行きたい」と言えば、特別な進路指導もなく「よし、頑張れ！」、または「何浪するかわからないよ」で終わった。今は「このラインは何浪をしてもダメライン」とハッキリ言ってあげる。

「一年生、二年生、三年生と、うちの学校は実力テストという学校内だけの特殊な試験がちゃんとあるんです。記述式のテストで本当に点を取れるやつは、東大、京大、医学部に入れますし、取れないやつは二次力がないと判断。東大京大医学部の二次試験は高度な問題ですので、それを意識して作っています。先生方がどこかからパクってきた試験ではダメなんです。だからやっぱり教科力が必要なんです。そこを疎かにすると生徒に足元を見られちゃいますから。僕なんか体育だから楽ですよ。保健の授業なんかでも『明日から俺、スキー授業だしな。おまえら、次、何よ』、『数学の単元テストです』、『よし、どうする？　自習がいいか？』、『わーい』となって『先生、いい先生だ』とか言われますから（笑）」

夏の終わり、秋も深まる段階、そして十二月の直前に、進路検討会を開いていく。模擬試験の結果を見て、この子は東大を受けるのに国語が弱いのでもっと国語を強化したほうがいい。医学部だとこいつはダメだから進路変更。そういった指示と分析があり、競馬予想のように二重丸、丸、三角、黒三角とデータをもとに記される。とにかく札幌南の進路指導は細かく徹底的に分析する。

医学部を目指す超名門進学校であれば、生徒の親の大多数は富裕層であるが、中には母子家庭等で生活に困窮している子もいる。

「そういう子は奨学金を受けたりしています。やっぱり全部が裕福だという感じではないです。だから『国立に絶対に入る』と言うんですけど、その国立が東大とかですから。『受かったんで東京に行って寮を探さなくちゃ！』。まあレベルが違います」

センター試験で東大に行ける点数を取っても東大を受けない者もいる。一昨年、ある秀才に東大理Ⅲを受けてもいいのでは、と担任がいくら勧めても頑《かたく》なに拒否し、北大の医学部へ行った。野球部の一番センターの三年生は、センター試験で８４０点を取っている。医学部志望のため二次試験の比率、傾斜配点を鑑みて、東大ではなく他の国公立を受験するのであろう。そんな話を聞かされると、なぜかもったいないと思う自分がいる。偏差値50の私にとって天上人の話だが、許されるなら東大に行ってみたいが神が絶対に許さない。でも彼らにとっては、必ずしも東大ではない。

「ただ理系の子たちは、国語がネックになってくるんですよね。二次試験に東大、京大は、理系でも国語が入ってくる。そこに手を付けられるか付けられないか」

国としても「医者を増やせ」と言って煽《あお》り、募集人員も微増しているが、枠は１００人前後。東大理Ⅰは１０００人単位の枠と考えたときに、北大の医学部に入れるのだったら東大も十分入れるという資料を生徒に配付している。

生徒にしてみたら、「私は医者になりたい」という意志を優先する。それは当然でもある。センター試験のレベルで考えれば、東大も十分に合格圏内であり、理系の場合、二次試験で国語が入ってくるが、募集定員が１００人に比べると約10倍の違いがある。こういう点も資料として見せているが頑固なまで医学部にこだわる。普通は点数があって受けるところを決めるのだが、札幌南の生徒たちは行きたいところに行くという選び方。基本は、まず自分は将来どうなりたいのか、方向を高校入学時点で定め、それに向かって突っ走る。

「普通は、その点数に対していくつかの選択肢を選ぶしかないというのが一般的。だから僕はたまに言うんです。『いいか、おまえらは自分の将来を考えて選ぶけれども、普通の人たちは点数ありきで、そこに入れる選択肢から選ぶんだからな。一般の人たちとおまえたちは違うぞ。そこはちゃんと覚えていろよ』と言い聞かせます。〝私はこれしかない！〟という感じだから、それがポシャったとき、気持ちがバーンと弾けてしまうところもあるんです。ここの子たちの怖いところでもあります」

とはいっても、札幌南に入るようなレベルの高い子たちだから修正能力も高く、最終的には自分の進む道へしっかり歩んでいく。

「多彩な才能のある子が多いですね。いろいろな感想文を書いて全国で表彰を受ける子、吹奏楽部に入ってないのに、ピアノの全国コンクールで上位入賞する子、まさに親御さんの教育水準の高さ。ピアノを習っている率がめっちゃ高い。眼鏡率がやたら高い。虫歯がない子がすごく多い。朝食を食べる率も高い。授業料滞納なんか絶対ない」

きちんとした家庭でちゃんとした教育を受け、ブレない意志を持っている子たちが札幌南に進むのである。

二〇一六年3連続完封で全道進出

二〇一六年九月十三日のスポーツ報知のネットニュースに『札幌南・井澤《いざわ》、3連続完封で全道切符』と堂々掲載された。札幌南のエース井澤駿介《しゅんすけ》（二年）。秋の札幌支部予選で3試合連続完封勝利を挙げるなど、角度ある速球と落差のある変化球で勝負する右の本格派。

「うちの選手を見ればわかりますが、新入生を戦うレベルにするにはどうしなきゃならないのかというのがある。かといって120キロぐらいで入ってきたのが、いきなり140キロにはならない。だけど札幌という土地なので、ごく稀《まれ》に130超の子が入ってきてくれるんです」

ニコニコ顔の池田監督が、このときばかりは少し神妙な面持ちに変わった。現役の投手だからこそ、より親身になって話しているように思えた。

「井澤は一年生のときは怪我で全然ダメでしたけど、今は130半ばまで投げられるようになりました。昨年の春あたりから良くなって、夏の大会では三年生のピッチャーの調子が悪く、井澤のほうが良かったんで、一回戦延長13回まで投げて2対1で負けはしたものの、もう井澤の右腕一本に賭けました。その経験もあったんで、秋は行けたんだと思います。周りもよく頑張ってくれて、本人たちはもう無我夢中でやった結果です。今後のテーマとしては、打つにしても守るにしても、井澤ひとりに頼らないというのが合言葉になると思います。本当に、井澤におんぶに抱っこでした。秋の道大会で初戦(札幌)第一とやったときは、井澤自身も『自分が抑えなきゃ!』というところが強すぎて、7点のうちの2点はワイルドピッチですからね。スライダーを叩きすぎたのがあったりして、私学の打線に対して意識しすぎて妙にプレッシャーをかけちゃったのかなと」

ビッグネームとやったときに、慌てた状況でいると一気にやられる。だから札幌南は負けるときは派手に負ける。2戦3戦してピッチャーがへばったときに当たるのが一番厳しく、むしろ初戦で当たる一発勝負のほうが勝つ確率は高い。

大黒柱である札幌南のエース井澤駿介は、まったく物怖《ものお》じしないやつだった。

「秋季北海道大会は、試合ごとに調子を上げていった感じです」

臆せず相手の目をしっかり見て話す井澤投手。ピッチングについて負担があるのかどうか。

「夏の延長を経験しているし、そんなに負担が大きいとは感じていません」

今後の課題についても、

「ピンチでしっかり変化球を投げ切ることです」

秋季北海道大会で優勝して選抜甲子園に出る札幌第一との対戦に言及してみた。札幌第一が準々決勝から圧勝して優勝する中、一回戦で７対３と負けはしたものの、かなり善戦したのではないか、夏が楽しみだねと褒めまくったが、

「序盤の流れはうちにありましたが、（札幌）第一のピッチャーも浮き足立っていて、内容的には７対３の点差以上に厳しい感じです」

冷静に分析している。さすがはピッチャーだ。志望大学を尋ねると、

「う〜む、まだ決めていないですが、北大ですかね」

急に歯切れが悪くなる。本当に決めきれていないのだろうか。

彼女の有無とか、軽く学校生活等の雑談や写真撮影をし、取材のお礼を言ったあと、

「志望大学なんですけど、東大にしました。ですので東大と書いといてください」

ピッチャーたる者、ナンバーワンを目指さなくては！　それでいい、井澤投手。

そして三年が経った。

二〇一九年八月中旬のうだるような暑い日、移動で地下鉄に乗っていると一通のメールが届いた。

「松永多佳倫さん　お久しぶりです。
偏差値70の甲子園第2弾にて取材されました、札幌南高校OBの井澤駿介と申します。
取材のときには『東大を目指します』と最後に言ったのですが、この春一浪の末東京大学に入学することができました。このまま大学でも野球を続けようと思いますのでこれからも何かございました時にはどうぞよろしくお願いします。　井澤駿介」

思いもかけないメールで最初戸惑い、読み終わるとともになぜか涙が出てきた。覚えてくれていたことも嬉しかったし、さらに約束通り東大に入った知らせをメールでくれたことに感激したからだ。でも、東大に受かったのならもっと早く知らせてくれてもいいのになぜ八月になってから寄越《よこ》したんだ!?　まあ、そんなことはあまり詮索せず、文庫化が決まった後、すぐに追加取材をすることにした。

「ご無沙汰してます」

高校の時とは見違えるほど、身体に厚みが出て大人の井澤投手がそこにいた。

「本に載ったときは2年の冬で学年で100番弱でしたけど、3年になって200番台になったんで、〝東大に行きます〟って本に書かれてあってもみんな別に何も言いませんでした。

一浪して河合塾に行ってメチャクチャ勉強しました。滑り止めの慶應は補欠でしたし、東大落ちたら後期で北大に賭ける瀬戸際の状態でした。東大に受かったのもギリギリですから」

大人びた口調でゆっくりと話す。

「浪人時代、何もやらなかったので野球ができる身体に戻すのに今苦心してます。とにかくリーグ戦で投げて勝つことです。その先はまだ何も考えられませんから」

井澤投手の視線の先にはもっと光り輝くものがある気がしたが、今はまだ言わなくてもいい。神宮のマウンドに立って、ふてぶてしいほどの快投を見せてほしい。

二〇〇九年秋季北海道大会準優勝

二〇〇九年秋季北海道大会において、札幌南は選抜甲子園まであと少しで手が届いたのに、するりと抜けてしまった。それが甲子園だ。この秋の新チームの主力メンバーが二〇〇八年に入学したとき、ひときわ目立つやつがいた。

沼口京介。池田監督がここ10年間で見た中で断トツのポテンシャルを持つプレーヤー。一年夏からサード五番で使い、最終学年では四番ショートでキャプテンを務める。慶應から誘いがあったが、両親ともに医者のため医学部を目指すことを決意する中、「いいじゃないの。慶應に行ってからまた医学部受け直せば？」と理解ある母親が慶應を勧めるも、頑として受け入れず、一浪して北海道大学医学部に入った。

「こんなこと言っちゃなんですが、こいつは本当のスーパースターです。野球ノートを作ってみんなに書かせて、こいつが見ていました。技術、体力ともに段違いで飛び抜けていて、リーダーシップもすごくあった。だから、あの子は医者になっていいと思います。うちの学校にも、こいつ医者になったらやばいなって思うのがいっぱいいますから。人と話ができない、自分のことしか考えない、そんなおまえが医者になるのかって。俺が患者だったら絶対診てもらいたくない（笑）。だけれども沼口は、人格的にも素晴らしい本当にいい子です。こいつだったら世のため人のための医者になると思います」

我が子のように話す池田監督の顔は満面の笑みに包まれていた。

新チームは沼口を中心に構成され、もともとポテンシャルが高かったメンバーが大勢いたため、秋季大会をあれよあれよと勝ち上がっていく。

準決勝では、駒大苫小牧《こまだいとまこまい》に6対3で勝利。駒大苫小牧の佐々木孝介監督が就任して初めての公式戦というのもあって、常にゲームの主導権を握って戦いに臨めた試合だった。

「今思えば、決勝に関しては〝これ勝ったら甲子園〟っていう意識が常に何となくあって落ち着かない感じがありました」

決勝の相手は、北照《ほくしょう》。ピッチャーはのちに二〇一〇年ヤクルトドラフト4位の又野《またの》知弥《ともや》（二〇一四年引退）、キャッチャーは同年ヤクルトドラフト3位の西田明央《あきひさ》。北海道の同じ高校から二人がドラフトされたのは史上初めてだった。

「ピッチャーの又野はフォークを投げるため、準決勝で爪が割れてしまったんです。試合開始というときに、その爪を治療していたため12分ほど試合開始が遅れました。裏情報が回ってきて情報操作しているんじゃないかと、最初は邪推してしまったんですけど（笑）。初回に2点を取って、その裏同点に追いつかれてから何でもないレフトフライを落球し、4点入って逆転されました。5回、又野からどうってことない左ピッチャーに代わってくれたんですが、全然点が取れなくて……最終的には11対5で負けてしまいました」

エース原口紘太朗《こうたろう》は、雨もあって11日間の日程のうち5試合完投。初の全道優勝は叶《かな》わなかったが、この姿をしっかりと後輩たちが見ていた。魂は受け継がれる。それが名門たる伝統。

2年後、再び札幌南旋風を巻き起こすのだった。

器を作るにも、捏《こ》ねる技量や窯の火加減も重要であるが、やはり良質な土が最高峰の焼き物に仕上がるのは当然のこと。二〇一一年のメンバーにも良質の素材がたくさんいた。

「運動能力のある子が集まったんです。高校に入ってからの伸びがすごい。体育をやらせても何でもできちゃうから、球技大会でクラスの主力になってしまう。怪我をされるのが嫌なんで『出なくてもいいから』と言ったほどです。それほど運動能力の高い子がレギュラーにいたんです。抜群に運動センスのいい子たちが、ピッチャー、キャッチャー、ショート、サード、センター、ライト、レフトかな」

エースの大間幹起。元拓銀内野手だった父の血を受け継ぎ、主将、エースで三番を務める。柔らかいフォームからのオーバースローでストレートは１３７、８キロ。何よりもコントロールがいい。のちに筑波に進学し、主戦投手となる。求心力のある選手で「こいつが頑張っているんだったら、俺たちも頑張らなきゃ」とチームみんなから信頼され、チーム力がどんどん上がっていった。

札幌のシニアのトップクラスは、大抵北海《ほっかい》や札幌第一に行く。大間は中学時代、札幌新琴似《しんことに》シニアでサードをやり、エースで四番の近藤正崇《まさたか》（元ＪＲ東日本東北野球部二〇一一年選抜で優勝した東海大相模のエース）を中心に全国優勝した。一学年下に、北海で二度甲子園出場、明治でエースとして活躍した玉熊将一（現明治安田生命）もいるほどの全国屈指の強豪シニア。

「たまたま大間のお父さんが大学の野球部の先輩で、筑波のキャプテンをされて学生ジャパン合宿まで行き、その後、拓殖銀行で野球をやっていた方。そんなこともあって『息子がおまえのところへ行くって言ってるんだけどよ』と言われて、ある程度大事にしたって感じですかね（笑）」

エースで四番、キャプテンの大間を中心に札幌南は、札幌予選を順当に勝ち上がり南北海道大会へ。一回戦北海道栄《さかえ》に3対2で勝ち、準々決勝札幌第一を3対0で撃破。大間自身もホームランを打ち被安打4の136球の完封。ひとりで打って投げて勝った試合だった。野球は時にひとりでもできる。

「ギリギリの戦いでした。もう紙一重ですよね。（札幌）第一には捉えられたけど、たまたま正面を突いたとか運もありました。序盤にうちが3点取ったので、中盤以降の第一は大間の調子を見て、ランナーが出ても1点を取るという作戦じゃなく、一気に返そうという攻撃になりました。それもうちとしてはラッキーで、ピンチをゲッツーで切り抜けられた。いろいろと策を練られていたらどうなっていたかですね。向こうは能力が高いので、何通りもの組み合わせのやり方はあると思うんですよ。うちには動けて走れるのは決まった選手しかいない。だけど第一あたりになるとみんなが走れて動けますからね」

札幌南は適材適所で、しかもタイミングが合わないと思い切った作戦を仕掛けられないし、そうでなければ一か八かのギャンブルしかないと池田監督は思っている。札幌第一にしても、ランナーを送って1点ずつ返すよりは一気に叩く作戦に出た。当然、甲子園を狙っているチームであり、準々決勝あたりでちょこちょこ点を取るのではなく、一気に返せるような力がないと甲子園では勝てない。

「今は北海道のチームも甲子園でいかに勝つかということを考えているので、このクラスのピッチャーを打ち崩せないようじゃ、甲子園に行ったって勝てないだろうという感じだったんではないかなと思いますけれども」

そして、中一日で準決勝駒大苫小牧。４対０で敗退。

「序盤なんとか凌《しの》いだのに、３回あたりからランナーを背負うと打たれ出す。『真っすぐにいきなりこれだけ合うのか！』というのが度々あって……。上で勝つには自分の力が足りないと思い、生徒に対して可哀想《かわいそう》なことをしたとすごく後悔しました。今まで経験できなかったことを、生徒にさせてもらっているという思いが自分の中ではあり、ありがたいことだと思っております。二〇〇九年の秋に勝ち上がらせてもらったときにも、駒大苫小牧というチームをきちんと分析していなかった自分を責めました。あと二つ……。道大会に出てから勝ち上がる難しさ、本当に遠いようで近いし、近いようで遠いんですよね。この二つが……」

二〇一五年夏またもや札幌第一を撃破

二〇一五年夏の南北海道大会札幌予選で、大波乱が起こった。札幌予選三回戦で札幌南が札幌第一を5対2で破ったのだ。

札幌第一のエースは二年の上出拓真《かみでたくま》(現國學院)。最速138キロの勢いのある球を投げ、スタミナも十分。当然、甲子園を狙っている。札幌第一は札幌南の試合を観に来るなどしてかなり警戒していた。そのナーバスさが試合でも出てしまった。

「普段の(札幌)第一ではないんです。こんな球は打たないだろうというのを振ってくれたりして硬さが目立ち、むしろ逆の展開でした。6回まで0対0で、第一はランナーが出ても点が入らない。うちはランナーが出ても三塁まで行けない。そういうイメージです。4回にランナーが三塁まで行き、スクイズを仕掛けたときいきなりリリースで外されましたからね。やっぱり夏に対して鍛えられているなと思いました」

甲子園常連校の札幌第一クラスであれば、相手のスクイズをどう封じるかはとことん練習を重ねている。

7回、0対0の均衡が破れた。札幌南のワイルドピッチにより1点が入り、ランナーが三塁に進塁、依然札幌南のピンチは続く。押せ押せムードでヒットが出たら一気に崩されるところで、札幌第一はスクイズを敢行し2点目を取った。札幌第一にしては消極的な攻撃。2対0のまま8回裏の札幌南の攻撃に入る。ここで奇跡の攻撃が展開される。

札幌南の攻撃、ノーアウト、ランナー一塁。ここは最低でも1点は返さないと、あとがなくなる。

「もうこんなの送っても勝てるわけないと思って、ヒッティング。ゲッツーにならず1アウト、ランナー一塁となり、たまたま次が出塁して1アウト一、二塁。次のバッターがまったく打てない九番。内野ゴロを打ったらゲッツーでもう終わりだから、とりあえずバスターのふりだけにしておけと。すると意外や意外、そいつが粘って最後はフォアボールになったんですよ。1アウト満塁で一番に回り、スライダーを狙い澄ましたように三遊間をまっぷたつのヒット。でも当たりが良すぎてひとりしか還《かえ》らなかったんです。1点が入って2対1。1アウト満塁は続き、二番のキャッチャーでキャプテンだったやつが見逃し三振。これで2アウト満塁。そのときに第一が2アウト満塁で2対1だったのに、外野がやや前に詰めたんですよ」

池田監督は、リアル実況のように興奮気味に話す。

「北海道は、監督や部長が審判もやらなきゃならないんですよ。それこそ甲子園の研修会とかにも行かされているんですね。そんな立場もあって、道大会で審判として同じグラウンドに立って第一を見ているので、ピッチャーの癖がわかるんです。第一のピッチャーは最後追い込んでから、相手の裏を突くというかインサイドへ投げることが結構多い。それで試合前に分析会をやり、『追い込まれたらインコースもあるぞ、ということだけ頭に入れておいてくれよ』と。そうしたら、三番の左バッターが粘って粘って3ボール2ストライクからインコースの真っすぐを引っ張ってライトオーバーを打ったんです。走者一掃と思ったら、結構高く上がったもんですから、エンタイトル2ベースになっちゃったんですよ。だから、2点しか入らなかった。でもこれで逆転して3対2」

さらにヒートアップしてきた。

「次は184センチの左の四番。でもそんなに打てないんです。その試合は1本ヒットを打っていました。当たったら確かにすごいんですがムラが多く、スイングが綺麗なんで他から見たら『あのバッター、いいバッターだね』と言われる。なぜか第一ベンチは嫌って、フォアボールで敬遠してくれたんですよ。そして再び2アウト満塁になって、四番よりも打てると期待していた、守れないけど打てる二年生のファーストが、どん詰まりながらもサード後ろのレフトライン際に落としてくれたんですよ。これで二塁ランナーも還り、さらに2点入って5対2になったんです」

一昨年夏の興奮を再現しているかのように、池田監督は満面の笑みを浮かべて続ける。

「（8回裏）やっぱり3対2で終わっていたら、多分やられていましたね。私学の執念というのは怖いですからね。うちのピッチャーも継投に入って、二番手の子は変化球しか投げない。短いイニングだし、スライダーがいい子だったんで、真っすぐはもう全部ボールにさせて、スライダーだけでストライクを取るという組み立て。一回りは変化球だけでなんとかしろという練習をずっと積ませていたんで、それがまんまとはまってくれました」

9回表、札幌第一は先頭打者がフォアボールで出塁し、強攻策で積極的に攻めたものの1アウト。1アウトランナー一塁で代打を出し、フォークを引っ掛けてセカンドの真正面でゲッツーに仕留め、試合終了。5対2で札幌南勝利。

「試合終了後、第一の選手はみんな倒れていました。うちは超大金星ですよね。8回裏で一挙5点の大逆転ですからね」

私学に勝つときには、奇跡的な巡り合わせが生じる。

超進学校ドラフト1位指名の快挙

来年（二〇一八年）の夏の甲子園大会が100回記念大会となり、主催の朝日新聞社が大きくアドバルーンを上げて大々的に興行をやるのは周知の事実。甲子園をどうのこうのではなく、それほど歴史が長く名誉ある甲子園大会を賛美しているのだ。戦前戦後はいわゆる旧制一中といった進学校が甲子園に出場していたが、一九八〇年代以降になると、近代野球が導入され私学全盛となる。

過去の歴史を紐解《ひもと》いても、名門進学校からプロ入りした選手は数多くいるが、それこそ一九六五年にドラフト制度が施行されてから、超進学校からドラフト1位で指名されたのは、後にも先にも二〇〇七年の札幌南の寺田龍平投手ただひとりである。

どうしても会って話したかった。毎年東大京大それぞれ10〜20人、北海道大１００人前後。特筆すべきは、現浪合わせて50人前後が医学部へ進学するという北海道ナンバーワンの超名門進学校札幌南から、二〇〇七年楽天ドラフト1位を受けた秀才ピッチャー寺田龍平。二〇〇七年のドラフトといえば、「高校生ＢＩＧ３」と呼ばれた大阪桐蔭の中田翔（現日本ハム）、成田高校の唐川侑己《からかわゆうき》（現ロッテ）、仙台育英の佐藤由規《よしのり》（現登録名は由規／現楽天）が目玉。二〇〇五年からドラフト制度が変わり、十月に高校生を対象とするドラフト、十一月に大学生や社会人などを対象にしたドラフトと2回に分けて行われることとなった（分離ドラフトは二〇〇七年まで）。楽天は、高校生ドラフト1位に仙台育英の佐藤由規を指名したが抽選に外れ、寺田を外れ1位として指名したのである。外れだろうとなんだろうと1位は1位だ。

ＳＮＳを通じて運良く連絡を取ることができ、新宿三丁目にある昭和レトロ感満載の純喫茶で待ち合わせをした。通常より1時間早く着いた私は、資料を読《よ》み漁《あさ》りながら遅いランチの味も確かめず、かき込むように食べた。万が一にもランチを食べているときに遭遇したくないのもあるし、味わいたっぷりな満腹感で集中力を削《そ》がれるのが嫌という理由もある。

約束の時間が来るのを今か今かと待ちわびていた。初対面の方と会うときは、何かしらの雑誌や本を目印にしておくが、大抵、目と目が合っただけで取材対象者だとわかる。今回は目印を決めず、どんなオーラで登場してくるのかワクワクしていた。時間が刻々と近づいてくる。巨人ルールじゃないが、早い人で30分前、大抵は10分前には約束の場所に到着している。

10分前になってもそれらしい人が現れない。ひょっとしたら、トイレに行っている隙に中に入って待っているのかもしれない。広い店内を回って探してみると、それらしい人がひとりでスマホをいじりながら座っている。でも確信が持てない。スマホをいじっていることを幸いに電話をしてみるが、スマホが鳴っている形跡なし。これは完全に人違いだと思った矢先、突然携帯音が鳴る。

「あ、はい」

「あの、今店の前に来ているんですが、地下の階でしょうか？」

時計を見ると、約束の時間ぴったりだ。わざわざ電話をかけてくるところに律儀さが伺える。

階段の入り口付近で待っていると、黒のライダースの革ジャンをモデル並みにパリッと着こなした背の高い青年が現れた。

「すいません、遅くなりまして」

顔を見ると、つるっとした若い綺麗な皮膚が光って見えた。

丁寧に挨拶を交わし、席に誘導する。

二〇〇七年、東北楽天ドラフト1位の寺田龍平がそこにいる。

聞きたいことが山ほどあるが、はやる気持ちを抑えて順序立てて話すことになった。

――札幌南に進学した以上、大学進学も当然視野に入れていたと思いますが、事前のドラフト指名という連絡はあったんですか？

「高校二年の秋に140キロが出たときに、もしかしたらプロを狙えるかもしれないと思い、モチベーションは上がりました。でも、指名される話もなかったです。実績と現在の状態では、地元の日ハムしかないかなと思っていました。巨人、オリックス、楽天、ソフトバンクから調査票が来て、地元の日ハムは指名リストにないというのを新聞で知りました。巨人の大森スカウトには『慶應を強くしてから、巨人に入ってください』ってことを人づてに言われて、もうプロからの指名はないなと諦めて、普通に勉強しても間に合わないので慶應のＡＯ（アドミッションズ・オフィス）入試の準備をしていました」

慶應は法学部、環境情報学部、総合政策学部、理工学部、看護医療学部でＡＯ入試を導入していて、一定の資格基準をクリアしていれば推薦者不要の公募制入試。外国高校出身者も対象として併せて実施するもので、四月入学と九月入学がある。筆記試験の結果による一面的な能力評価ではなく、書類選考と面接試験によって多面的、総合的に評価する入試。

――じゃあ、プロ入りがダメだったら慶應に行こうとしてたんですね。

「準備をしていたらいきなり指名されました。学校への指名の挨拶もなかったみたいでした。あとから聞くと、隠し玉としてどうしても獲りたかったので挨拶も行かなかったらしいんです。東スポだけ、僕が楽天にドラフトでかかると予想していた。あの東スポだから、よくわかんない記事書いているなぁと思っていたのに、見事東スポだけ当たりました（笑）」

溌剌とした声で、一言一言ハッキリと丁寧に話す寺田に自然と好感が持てた。アイスコーヒーを注文し、丁寧に袋からストローを剝《む》き出す指を見ると、なんて長い指なんだと思い、手先の滑らかさになんだかウットリしてしまった。

――札幌南に入るのだから、当然中学でも1位か2位だと思うんですが、入学した頃は

どこの大学に行こうと思っていたんですか？

「昔は学区制で学区外が5～20％の枠しかなくて、僕は恵庭《えにわ》市に住んでいて学区外だったので勉強はしました。当時は5教科300点満点中、学区外は280点以上取るような感じで、学区内だと260～270点でいいとも言われてました。はじめは家からも近いし北大に行こうと思ってました。入学して高校一年の進路面談のときに『高校卒業したらどこに行きたいの？』、『プロ野球選手になりたいです』と答えると、『いや、そうじゃなくて、どこの大学に行きたいのか聞いているんだよ』と鼻で笑われたことがすごく悔しかったのを覚えています」

――野球部に入って、高校野球に初めて接したときはどうでしたか？

「野球部に入るときに伝統があって、先輩から『浪人する覚悟はあるのか』と訊《き》かれる。つまり、それだけ高校3年間野球にのめり込めるのかということだと思います。札幌南に入る人は割と天才秀才型が多くて、3年間部活をしても夏から勉強すれば間に合うでしょうってみんなで言って納得してましたね」

――プロに入ってから、早稲田大学の通信に入ったと聞きましたが。

「プロに入って初めての春のキャンプで選手会の人が来て、早稲田のｅスクール（通信教育課程）という制度があって、プロ野球にいながら学校に通えるんですよ、と紹介があったんです。それに興味を持ったので入りたい旨を話し、翌年、書類選考と面接と論ていましたが、1年生のときは大学に行こうと思っていたので、入りたかった理系クラスの勉強と並行して野球もしていました。結局、ドラフトの時期に……文で入りました」

──プロ野球と勉強の両立は大変だったんじゃないですか？

「1年目にプロ野球選手として過ごし、これくらいのスケジュールならできると思って入学を決めました。二軍のスケジュールだと、午前10時から練習が始まって夕方の5時には練習が終わるので、それ以降は自由時間。遠征のときが大変で、一週間関東へビジターゲームに行ったら、一週間ホームゲームというスケジューリングなんです。遠征に行くと、先輩と同じ部屋なんでやりづらかったですね」

池田監督が札幌南に赴任した初年度の三年生に寺田たちの代がいた。

「今まで見たことがない次元の選手でした。怪我を抱えていても140キロくらい投げるんですから。一番速かったときは145キロ。平均でも136から138ぐらいでしたから、力を入れれば140を超えますね。彼は腕が長かったんですが、スリークォーター気味だったので、スライダーもギュンギュンと斜めにズレる感じでした。キャッチボールだとシュート回転するのに、やっぱり力を入れて投げると球が真っすぐ来て、アウトコースに行った球が内側に入るということはない。逆に、ゆっくり投げているときのほうが身体が開いてしまってシュートがかかってしまうみたいです」

遠投だと力を入れて投げるため、ビューンビューンと水平に球が伸びていく感じで圧巻だったという。体育の授業でも、寺田はバスケだろうとサッカーだろうと、バレー、陸上だろうと何でもハイレベルでこなす。身体能力の高さはズバ抜けていた。

「そうやって高校生レベルでは、それなりにすべて高いレベルでできてしまったことが不幸だったのかもしれない。本当に根を詰めて話してはいないですけど、あまりにも天才肌すぎてしまったのかな。もっと苦労をしていたほうが、彼にとってはうまくいかないときの考え方というか、正しい指針を自ら示せたのかもしれない。高校時代に何でもできてしまってきたので、今できない自分に納得ができなかったんでしょうね。だから人一倍練習をして、うまくいかなくてさらに練習をして肩を手術したって聞いたので、どうなんだろうなって思っていました。天才的にできてしまったから悩んで、やらなければと思ってやった努力が、正しい結果に結びつかなかったのかなと思います」

〝正しい努力〟。科学的にはバットを1000回振ったとしても、正しいフォームで振らないと意味がない。ただやみくもにメチャクチャなフォームで振っていても、それは自己満足にすぎない。寺田は、プロですごく練習をしたから悔いはないと断言していた。

――甲子園にはどのくらいの距離感を抱いていましたか？

「甲子園は行けると思いました。高校二年の冬に、全国優勝するとチームで決意したんです。二〇〇〇年に甲子園出場したときのキャプテンの弟さんで、慶應の田畑直人さんが練習を見に来てくれて、慶應では目標達成のセルフマネジメントをやっている話をされ、各々が明確な目標を設定してやることの大切さを話してくれたのが大きかったですね。甲子園出場ではなく、あえて甲子園優勝という目標に設定したんです」

目標を設定するのは大切だが、低めに目標を設定して達成してしまうと、そこでモチベーションが途切れてしまう傾向がある。目標をより高く設定することで、モチベーションをより持続させるのだ。

――最後の夏は、準決勝で函館《はこだて》工業に1対0で負けてしまいました。

「三年の夏は身体がボロボロでした。春先に左足をやりました。怪我って対角線上に来ると言われていて、右ひざ、左の腰、右肩って具合でした。春先は全然練習できなくて、それでも一カ月で治ると思ったんですが……、初戦は『投げられません』って監督に言いましたから」

二〇〇七年、夏の南北海道大会札幌予選は順当に勝ち進み、

一回戦　７対３　苫小牧東

準々決勝　５対２　札幌日大

準決勝　０対１　函館工業

池田監督によれば、一、二年のときを見ていないだけに、共有した時間があまりに少なすぎて他人のチームを見ているようだったが、それゆえに冷静に対処ができた。

準決勝の函館工業。０対０のまま９回裏、函館工業の先頭打者が２ベースヒット、送って1アウト三塁の場面。

「当然いろんな作戦も考えられるけれども、満塁策にするか、あるいはバッターと勝負していくか、円陣の中で決めていいぞって言って伝令を出しました。僕の意見としては、対バッター勝負で、寺田に思い切って投げさせたほうがバッターを打ち取る確率も高いのではないかなと。一方で満塁策を取ってもいいとも思ったので好きなほうを選ばせた。彼らの答えは満塁策ではなく、対バッター勝負を取った。満塁になったらコースを突けなくなってしまうから、対バッター勝負のほうが打ち取れるだろうと判断したんでしょう。1アウト三塁で、3ボール2ストライクとなり、アウトコースのきわどい球をボールとコールされフォアボール。1アウト一、三塁となって、次打者にカーンと打たれてサヨナラ負けです。フォアボールにされたアウトコースの球は、絶対に入っていると思ったんですがね……」

甲子園優勝を目指した寺田の最後の夏は、南北海道大会準決勝で終わった。

——楽天に入ったとき、周囲の反応はどうでしたか?

「指名されて翌年の一月センター試験日に仙台のテレビ局に出演し、『最新のセンター試験の問題が届きましたので、寺田投手に解いてもらいましょう』って進学校ネタでいじられました。ドラフトされてから勉強してないし、僕が何を得意かも聞かずに数学の問題を持ってきたんですから。無茶振りですよ。勉強できるキャラでいるのは苦しいなっていうのはありました。文系なのに楽天では『頭いいんでしょ』って感じで、とにかく変わっているやつっていうレッテルを貼られました。高校では上下関係が緩かったので、先輩に気を遣えなかったっていうのが大きいと思います。あと先輩から『おまえは野球以外で食っていけるかもしれないが、俺らは必死で野球にしがみつくしかないんだ！』って怒られたこともあります」

前年度二〇〇六年の楽天ドラフト１位が田中将大《まさひろ》（現ヤンキース）ということもあり、２年連続北海道から１位が選出されたことで球団内外での注目度は高かった。

――プロに入って、こいつバカだな～って思うことってありましたか？

「いやいや（笑）、挨拶等の常識はできるし、社会人として普通に会話できました。ただ後輩ですげえバカがいて、注意されてもわかんない、何回でも遅刻はするっていうのはいましたね」

――３年目のオフに右肩関節唇の手術をして再起を図りましたが……。

「コントロールが定まらなくて、安定させるためにサイドスローにしないかという話があり、それしか道がないなと。それでも肩が痛くて思った通りに投げられなくなったので手術に踏み切りました。３年目の年末に関節唇の手術をしましたけど、別に大がかりな手術ではなく、肩の前後にポツポツと穴が開いている感じです。三カ月で立ち投げ、六カ月で復帰したんですが、痛みがあるときの印象が強くて投げるときにピクッと固まってしまい、球が抜けたりというのがありましたね。最終年の六月に復帰して三カ月間であまり変わらなかったので、首脳陣がやっぱりダメかという判断を下してクビになりました」

池田監督によれば、プロに行くにはバットの上で空振りを取れるかどうかがポイントだと思ったという。寺田はバットの上で空振りが取れなかったのでプロはないと思い、大学進学を勧めた。だが、スライダーは確かに天下一品だった。

「北海道の私学の連中をバットの上で空振り取ったら、プロに行ってもいいと太鼓判を押せたんですけど……。140キロ以上投げるのに、俺が教えたがために130キロ台になったら困るんで、ある意味触れられなかった。クイックとかランナーに対する対応だけはしっかり教えましたけど、次の日に彼はちゃんと練習していました」

——一軍に一度も昇格できませんでしたが、一軍に行くために必要なものって？

「強い気持ちだと思います。自分が失敗したときになんでダメだったかを考えてみると、入ったときに自分が一番ヘタだと思っていて。ドラフト3、4位の同じ年の高校生もすげえ球を投げるんです。〝こいつらすげえ球投げるな、なんで俺がドラフト1位なんだろう〟と思った時点で負けだと思います」

——たった4年間のプロ生活でしたが、クビを宣告されるときの心境って……？

「夏頃の使われ方でわかるんです。夏以降は若い人を使っていき、やっぱり遠征に連れていかれないのが大きいですね。クビになるまでは来年もあるかなと思っていたんですけど、夜に電話がかかってくるんです。『もしかしたらわかっているかもしれませんが、お話があるので明日の何時に事務所に来てください』。電話があった夜は、寮だったので先輩の部屋を回って『明日、呼ばれましたので事務所に行ってきます。いろいろとお世話になりました』。人によっては先輩の部屋で泣きながら話している人もいましたが、自分は親に電話で報告し、先輩たちに挨拶していくうちに気持ちの整理はつきました」

苦い思い出のことを訊かれても淡々と話す寺田。過去は過去としてしっかり捉えている。目線は少しも外さない。取材を受ける以上、何を訊かれてもきちんと答えようとする姿勢が伺える。

――まだクビになった時点で22歳、トライアウトを受けようとは思いませんでしたか？

「もう一回チャレンジしようとは思いませんでした。この４年間誰よりも練習をしたし、これでダメだったらもう仕方がないくらいやりました。やり切った感じです」

――近年、プロ１年目、２年目で戦力外通告する傾向がありますが、どう思われますか？

「それだけシビアな世界だというのは当然だし、変な情けで球団に置いておくべきではないと思っています。でも、早く社会に出させてあげるのがその子のためというのは、必ずしも正しくないのではないですか。憧れて入ってきて、そこで野球をやることがその子の人生の目標のはずなんですから」

温和な口調だった寺田も、このときばかりは強い意志を込めて話をした。まるで自分のことがオーバーラップするかのごとく……。思わず、飲み物を飲むふりをして目を逸らした。

——戦力外通告を受けて第二の人生を歩むわけですが、あてはあったんですか？

「22歳で引退し、リクルートエージェント経由で普通に転職活動して、翌年の夏にIT企業に入りました」

——慶應か北海道大学か、どこか大学に行っておけばよかったなと思ったことは？

「まったくありませんね。プロ時代も、キャリアのために早稲田へ行ったわけでもありませんし。社会に出てから、よりいっそう大学の卒業って必要ないんだなと思いました。大卒の資格がないと入れない会社もあったり、人から大学出てる出てないっていう目で見られたりもしますけど、仕事ができるできないは、どこの大学なんてまったく関係ないと思います」

——就職なさってドラフト1位っていうのは公言した？

「最初の会社では、ドラフト1位のことは隠してましたね。言われたくないわけじゃないですけど、あえて自分から言うといやらしいかなと思って」

——最初の会社っていうと、今は？

「二〇一二年に最初の会社、IT企業に入り、二〇一五年末に退社しました。ITでも伸びない分野だったので、そろそろいいかなと。それで、草野球をやっているうちにスポーツにかかわりたくなって、今はスポーツマネージメントの会社に属しています」

——早稲田のeスクールは卒業したんですか？

「二〇一三年に卒業しました。現役のときは意外に時間があって講義を受けられたんですが、社会人になるとITって勤務時間が長いところが多いので大変でした。最後の2年間は卒業研究でうまく時間を見つけてなんとかやりました。eスクールって途中で辞めちゃう人が多くて、孤独なので自分との闘いなんです。卒業率が数％って聞いたときは、絶対卒業してやろうと思いました。はじめから5年間計画で、それでも自分ではハイペースだったと思います」

——プロ野球経験者として、自分のキャリアにどう生かしていきますか？

「プロ野球を辞めたあと、どちらかというと余生をどううまく生きていくかに重点を置かれがちですけど、僕はプロで結果が出せなかったことが悔しくて、もう一度一旗揚げてやろうと思っています。そういう思いを抱いている人が他にもいると思うし、野球を辞めたあとに、社会で活躍することが当たり前の世の中になってほしいと願います。自分で道を作って背中を見せるのか、そうなるようにみなさんを支援するのか、野球界を通ってきた者として真剣に考えて実行に移さなければいけないと思っています」

——では、寺田さんが思う文武両道とは？

「スポーツをやっていても勉強は必要だと思います。文武両道は自信に繋がるし、野球をメインにしたとしても、どこかで勉強の力が必要な瞬間があります。考え方次第でどうとでもなります。高校時代に関しては、勉強していると安心して野球ができるというのはありますよ。どこかで、ちゃんと勉強をやっていたから、この期間は集中して野球をやっても大丈夫だろうというのがあったと思います」

――楽天に入って後悔はないですか？

「確かにプロ野球の世界は厳しかったですが、楽しかった。先輩からは『おまえ、ドラ1なんだからやれ！』とたまに叱咤もありましたけど、変なプレッシャーもありませんでした。戻れるのならまた戻りたい環境だったし、あの環境に入れて良かったと思っています」

最後までブレずに、自分の考えをわかりやすく主張し続けた寺田。話をしてみて理解力、分析力、論理的展開力に秀でており、知能指数が高いんだろうとわかった。プロ野球界を経験できたことを誇りに、今後社会にどう貢献していくのか、彼は真剣に考えている。芸能人気取りのバカな元アスリートたちとは違って、地に足が着いた佇まいや発言を聞くと、さすがは札南ＯＢという誇り高き精神を見せつけられた気がする。

札南野球部の革新的な伝統の系譜

池田監督も語っていたように、札幌南の伝統はきちんと残っており繋がっている。それは一九九四年、九七年、九八年と三度決勝で敗れ、そして二〇〇〇年に61年ぶり三度目の夏の甲子園出場を果たした当時のトレーニングメニュー、意識改革が今も継承されているからだ。

札幌南の視聴覚準備室には、２０００冊の野球に関する本や２００本のビデオ等があり、通称〝本部屋〟と呼ばれている。選手たちには「必読書」として必ず読む本のリストがあり、選手たちみんなで回し読みをしている。大きくジャンル分けをすると、「フィジカル」、「メディカル」、「メンタル」、「栄養」、「スポーツビジネス」の5項目である。ビデオにしても、プロ野球キャンプの練習風景をポジション別に撮ったものや、『ユアタイム』（フジ系列）の枠で長らく放映されていた『プロ野球ニュース』の名物コーナーの珍プレー好プレーのような好プレー集が編集されていたりと、各ポジションの用途によって撮り溜《だ》めされている。以前は15冊ほどの必読書を3年間持っていてもよく、卒業する際に一年生に引き渡していた。札幌南の選手である以上、本を読むことに抵抗はなく、読解力と理解力に長けている選手たちは、本を読むことでウエイトや栄養学といった基礎的な部分を理解する。

そもそも「常識を疑う」ことから始まった。いい例が、昔は心の鍛錬のためか練習中に水を飲むことは御法度だったが、今は水分補給しないと身体に障害を起こすのが常識。肩を冷やすのは良くないとされていたが、今は投げたあとはアイシングをすることが必須。同様に水泳も肩を冷やすため禁止だったが、今は全身運動として積極的に取り入れられている。どうしてゴロは正面で捕るのか。キャッチボールは胸に投げなくてはいけないのか。一つひとつ疑っていき、医学的な視点で見るとおかしいことだらけであることに気付く。

札幌南はアップがない。5、6時間目に体育でソフトボールをやっていれば、必然的に肩はできている。他のチームは、掃除当番が終わる選手を待ってから「1、2、1、2」と声をかけてアップしている。効率化というより、なぜアップをしなくてはいけないのかという理由を知ればいいだけのこと。怪我しないように筋肉を温めることが必要であり、温め方は各自で自由にやればいいだけ。ダッシュにしても、最初の100％のダッシュは試合の初打席で一塁を駆け抜けたぐらいのイメージ。試合前にダッシュを何本もやっても怪我を誘発するだけ。野球は85％が有酸素運動で、残りの15％が無酸素運動であることを知っていれば、自然と効果的なトレーニング方法を探求できる。

札南

かけ声ひとつにしても、ちょっと工夫すれば相手をかなり混乱させる手段となる。野球英語はすべて和製英語であるのは知っているようで知らない。本場だと「デッドボールをぶつけていいぞ」という英語がある。デッドボールは和製英語で、実際は〝ヒットバイピッチ（Hit by pitch）〟。ヒットバイピッチは長いから、「HP、OK！」。直訳すれば〝ぶつけていい〟だが、「内角を攻めろ！」という意味だ。例えば、攻撃側の場合「変化球はワンバン多いからな、気を付けろよ」と日本語で言う。逆に守備側のときは「ワンバン投げるなよ」と日本語でなく、英語で「ワンバン投げていいぞ（ダート）」と言う。つまり場面によって自軍に有利になればいいのだ。

英語だけでなくフランス語を入れることもあった。一塁ランナーがいるときは、「アンゴー（un go!）」と言えば「一塁ランナー自由に行っていいよ」という意味であるとか、「ヴェール（vert／仏語〝緑〟の意味）」と言えばグリーンライト（いつでもノーサインで盗塁していい）。そういうのを無数に組み合わせて声のサインを送る。相手からすれば「何言ってんだ？」となり、わからない言葉だけにイライラが募る。選手たちは勉強で成功体験しているため、野球でもやり方次第で絶対に勝てるという意識が植え付けられている。

当時は、朝練を自由練習としてやる選手はいたが、チームの全体練習としてはなかった。朝練するためには1、2時間早く起きなくてはならず、それなら疲れを取るために睡眠にあてたほうがいいという考えだった。

今では練習中の補食は主流となっているが、札幌南では九〇年代中盤から、練習が終わったあとの30分以内に炭水化物と肉を摂取させるため、朝、肉が入っているおにぎりを必ず持ってこさせ、クエン酸が入ったオレンジジュースかグレープフルーツジュースと一緒に食べさせた。プロの栄養士を呼んで、選手たちに栄養学の重要性を説明し、身体の仕組みを覚えさせた。

よく「体力をつけろ」とバカのひとつ覚えのように指導者たちは叫ぶが、〝体力〟という言葉ひとつをとってみても非常に曖昧な概念。体力というのは構造的に、防衛体力と行動体力とに枝分かれし、行動体力に、筋力、瞬発力、持久力、調整力というのがある。調整力には、平衡性、敏捷《びんしょう》性、巧緻性、柔軟性が含まれる。身体の柔らかい人を見れば柔軟性があると思うが、「体力がありますね」などとは言わない。

一般に〝体力〟といえば、心肺機能、筋力、身体の大きさを指し、走れば体力がつくと思われているけれどまったく違う。柔軟性も巧緻性も体力であり、そういうものを全部鍛えることが大事で、それには栄養も関与してくるという話だ。特にウエイト、筋力系については栄養と相関関係があり、正しいタイミングで正しい物を摂《と》らないと、同じトレーニングをしても効果は半減するということが科学的に判明している。そういうことを理解させて納得させた上でトレーニングをすれば、今どこを鍛えているのかがわかり、モチベーションも上がってくる。

目のトレーニングも取り入れていた。一般的に動体視力が思い浮かぶが、目には10種類の能力があり、動体視力はそのうちのひとつにすぎず、空間にある物と自分との距離を測る〝深視力〟、パッと見て情報を捉える〝瞬間視力〟、夕暮れでもよく見えるかどうかの〝コントラスト視力〟、視力検査で測る数値の〝静止視力〟など。この10個あるうち8つは改善ができる。片方の目を動かすのに6つの筋肉が必要で、その筋力を鍛えれば目の能力を保つことができるのだ。

無駄な努力をせず、正しい努力をする。ハード的には二流だったとしても超二流になればいい。ソフトウエア（戦術戦力の意味）で勝てば絶対に行ける。それが札南野球である。

「この世の中、80％対20％の法則のようなものがありますよね。例えば、野球部でいうと100人いても本当に活躍する選手って2割ぐらいしかいない。それとまったく一緒で、一学年320人いても同じような現象が生まれます。特に下のやつらは札南に入ったことで喜んで〝ただの人〟になっている感じなんです。そういう子たちはプライドがあるから、自分たちの目標設定を低くできない。そうやってもがいているやつもいます。それは仕方がないです。札南とはいえ、全員が能力あるわけではないですから」

それでも札幌南の３００番台でも、浪人すれば一気に学力が上がるのは日常茶飯事。現役時代、医学部なんて到底無理だろうというのが、浪人して国公立の医学部に入ったりする。

「野球部でも二浪をして医学部に入ったやつがいます。高校一年生の最初の定期試験で平均点の半分以下を取ったやつがいて、そいつが二浪の末、札幌医大に入りました。現役のときは最初からダメって言われて不合格。一浪のときはセンター試験は良かったけど、二次試験でダメだったんです。二浪をしたときには、急に夏にふらっと現れて、聞いてみると『不安で不安で、何をやっているのかわからなくなるんです』と言う。それで『いいか。嫌なことなんかいっぱいある。大人の世界なんかそんなものばっかりだぞ。だけれども、次の朝になったら、やっぱり仕事だなと思ってみんな会社へ行くんだよ。だから、そういう風に思うなって。人間、誰しもみんな不安や恐れなんて当たり前にあるから。いいじゃん、こうやって何かあればここに来ればいいよ』って。後輩たちの一生懸命やっている姿を見て、気持ちをリセットして帰っていく。そういうのが２回ぐらいありました」

池田監督は、熱く続ける。

「本当にここの子たちには驚かされます。何かそういう不思議な力があります。凡人には理解できない。正直、僕なんかこいつらを理解できない部分がありますもの。だから、ピンチになってもピンチだと思っていなかったり。やっぱり大人ってダメだな〜、正直すぎるよな〜と思うときがあります。ある意味、彼らに勇気づけられますよね」

札幌南といえども、ごく稀に大学進学をしない輩《やから》が10年にひとりの割合で現れる。二〇〇九年秋季北海道大会準優勝メンバーで、ファーストを守っていた山脇諒大がそうだ。

「小学校から芸人になりたくて、高校を卒業したら芸人になると決めてましたので大学進学は入学した当初から考えてませんでした。札幌南に入ったのは野球をやりたかったためで、大学に行くためではありません」

自身の夢を叶えるため東京に行き、1年間芸人をやったあと裏方に転身する。現在は、構成作家〝わきコ〟として北海道内のテレビラジオ、イベント等で活躍中だ。いろんな人材を輩出するのがまさに札幌南でもある。

野球部を高校一年夏前に辞めるのは別として、高校二年で辞める子がたまにいる。中には、高校三年に上がる前の三月で辞めた子もいる。

「僕、やっぱり医学部目指します」

「これから合宿行くぞっていうときに何でだ？　おまえにとって冬の練習は何だったんだ？」

池田監督は何度も聞いた。

「いいのかこれで。おまえ、あんな寒いところでこうやって毎日頑張ってきて、今辞め

SAPPORO

るって何か意味あるのか」

「いや、僕、医学部受けたいんです」

札幌南の子どもたちは、こだわりが強いというか頑固なところがある。

観念した池田監督は最後にこう言った。

「おまえよ、高校野球をやってすごい世界だっていうのがわかったか？」

「すごい世界だと思いました」

「この世界に一瞬でも入ったってことは、おまえが外から見るのとは違うことがわかったよね。果てしなくすごいっていうことがわかってくれたんなら、おまえにとってはプラスだよ。暑いときにコーラを飲んで寝ているのは簡単だし、この世界を体感したっていうのはすごいことなんだからな」

高校三年に上がる前に野球部を辞めた彼は、一浪して札幌医大に入った。

自分の進路を、自分の手で切り拓《ひら》く力を持つ札幌南の子どもたち。

十代でその力を備えていれば、どんな社会に出て荒波が来ようともビクともしない。

天才は偶然生まれるものではないことを初めて知った思いだった——。

第4限　愛知県立刈谷高等学校

質実剛健
未来を切り拓く力

私学四強の壁

この世の中、イメージばかりが先行し、がんじがらめになるケースがままある。

高校野球においても然《しか》りだ。

「私学四強」

高校野球が生まれて以来、愛知県高校野球界では大きな壁となって屹立《きつりつ》するという意味で定着している四字熟語。今さら説明をするまでもないが、私学四強とは中京大《ちゅうきょうだい》中京《ちゅうきょう》、東邦《とうほう》、愛工大名電《あいこうだいめいでん》、享栄《きょうえい》の4校の私立強豪校を指す。

中京大中京……全国高等学校野球選手権大会：出場27回、78勝20敗、優勝7回
　　　　　　　選抜高等学校野球大会：出場30回、56勝26敗、優勝4回、準優勝4回

東邦……全国高等学校野球選手権大会：出場17回、19勝17敗、準優勝1回
　　　　選抜高等学校野球大会：出場28回、53勝25敗1分、優勝4回、準優勝2回

愛工大名電……全国高等学校野球選手権大会：出場11回、４勝11敗
選抜高等学校野球大会：出場９回、16勝８敗、優勝１回、準優勝１回

享栄…………全国高等学校野球選手権大会：出場８回、６勝８敗
選抜高等学校野球大会：出場11回、12勝11敗１分

数字（二〇一六年時点）を見るだけで全国トップクラスということが一目瞭然であり、さらにＯＢには幾多の大物プロ野球選手を輩出するなど、この４校は愛知県では絶対君主、尾張《おわり》という土地柄にちなんで織田（享栄）、豊臣（愛工大名電）、徳川（東邦）、そして天皇家（中京大中京）といったところか。

どんなにクジ運に恵まれたとしても、この私学四強のうち２校を倒さないと甲子園への道は開けない。また豊川《とよかわ》、大府《おおぶ》、豊田大谷《とよたおおたに》といった第二勢力群も十分甲子園上位に食い込める力を持っている。そんな激戦区愛知で、二〇〇九年の夏、奇跡が起ころうとしていた。ここ10年の県大会の夏の決勝を見ると、

二〇〇六年　　愛工大名電４対０愛産大三河《みかわ》
二〇〇七年　　愛工大名電７対５中京大中京

二〇〇八年東　大府3対1成章《せいしょう》
　　　　　西　東邦12対9愛知啓成《けいせい》
二〇〇九年　中京大中京5対0刈谷《かりや》
二〇一〇年　中京大中京7対2愛知啓成
二〇一一年　至学館《しがくかん》4対3愛工大名電
二〇一二年　愛工大名電3対2東邦（延長11回）
二〇一三年　愛工大名電2対1愛知黎明《れいめい》
二〇一四年　東邦4対2栄徳
二〇一五年　中京大中京4対3愛工大名電
二〇一六年　東邦7対2愛工大名電

二〇〇八年の大府と二〇一一年の至学館以外はすべて私学四強が夏の代表校であり、そのうち私学四強同士の決勝戦が四度ある。その中で、二〇〇九年の夏の決勝に進学校の刈谷高校が進出したのは快挙と言わざるを得ない。

年間売上高4兆3000億円を超すトヨタ自動車部品メーカーで、自動車部品世界シェア率ナンバーワンを誇る株式会社デンソーの本拠地であり、他にもトヨタグループの本社や工場が集積する刈谷市。鉄道は名古屋鉄道と東海道本線が通っており、JRにいたっては東刈谷駅、野田新町《のだしんまち》駅、刈谷駅、逢妻《あいづま》駅と市内に４駅もある。政令指定都市以外ではめったにないことで、当然ベッドタウンであることが理由としてあげられるが、日本有数のトランスナショナル企業のお膝元ということも関係なくはないだろう。

一九一九年（大正八年）、愛知県立第八中学校として設立。いわゆる旧制中学の八中である。今年（二〇一七年）で創立九十八年。「質実剛健」を校訓に文武両道を精神の礎にし、野球部が一九七八年に選抜甲子園出場、サッカー部においては全国高校サッカー選手権大会19回、インターハイ8回、国体11回出場（一九五四、五五年は２年連続優勝）、二〇一六年の進学においても東大13人、京大17人、名古屋大１０６人と公立高校では２位の実績を誇る。東京、大阪、神奈川、兵庫といった大都市圏では中高一貫の私学偏重主義はますます強くなっているが、愛知という都市部であるにもかかわらず依然公立志向が強い。

愛知県は東京、大阪に比べて私立高校の数が少なく、公立が１７０校近くあるのに対し私立はその３分の１の50校程度で、半数は名古屋近郊に集中している。私立の東海・滝・南山《なんざん》は別格としても、名古屋市の私立高校が進学に本格的に力を入れ出したのは平成に入って以降。そのため伝統のある学校が少ない。

トヨタのお膝元の愛知県だけにブランド志向が強く、高校においても公立の伝統、ブランド力が大きく発揮される。それゆえ私学四強のブランド力が、いまだに権威であり健在でもあるのだ。

「愛知県、特に三河は仕事なんていくらでもある。失業率なんて気にしない。お殿様あっての尾張三河。今でいうとお殿様は豊田章男《とよだあきお》だね」（刈谷ＯＢ）

ＴＯＹＯＴＡの社長である豊田章男のことを、刈谷に長年住んでいる老人たちは「章男ちゃん、章男ちゃん」と親しげに呼ぶ。ＴＯＹＯＴＡ三代目社長の豊田章一郎がお殿様であり、その長男である章男は民衆にとって若（若殿）であるのだ。愛知という土地柄は、いまだに武家社会の系譜が脈々と受け継がれているといえよう。

二〇〇九年決勝戦中京大中京

「バッターを抑えることだけに集中していたので、攻撃においての作戦はちょっと後回しって感じだったのかもしれません。単純に点は取れると思ってました。中京は決勝までは全部コールドで勝ってきており、その攻撃力をどう抑えるかで必死でした」

精悍《せいかん》な顔立ちに引き締まった身体から発する闘志は、いまだ現役さながらといった岡田泰次《たいじ》監督は口惜《くや》しそうに語る。しかし、あの決勝を思い出しながら顔を歪《ゆが》めるようなことはしない。あくまでも過去の試合と認識して分析する。

「ビデオを見たときに抑えられると。試合前、うちのピッチャーがこういう風に投げたら抑えられるなっていう自信はすごくありました」

勝算のない試合をやるのなら監督失格だと言わんばかりに、宝くじで当たるような奇跡を祈るのではなく、確固たる勝機はあったという。なんとか勝ちパターンを見つけて臨まなければいけない。要は、勝ちパターンがいくつあるかが勝敗の鍵だと。

二〇〇九年夏の快進撃は突然変異で起こったものではない。その前年の二〇〇八年夏は記念大会により東西に分けられ、東愛知県大会でのノーシードから優勝候補の豊田大谷、桜《さくらがおか》丘に勝ち、あれよあれよと準決勝に進出、大府に4対1で敗れはしたもののベスト4。岡田は、優勝候補2校を撃破したことで初めて甲子園が見えたという。そして、この大会で得た自信が翌年に繋がり、創部61年目にして初の決勝進出を果たしたのだ。

激戦の愛知県のノーシードともなると、決勝までに七戦を要する。どんな大会でもキーポイントとなる試合は必ずある。二〇〇九年刈谷にとって三回戦の大同大大同《だいどうだい》がそれに当たる。

「大同大大同の試合が、この大会を勢いづけたのは間違いありません。ヒットと暴投で1点を取って1対0で勝ちました。ヒットはたった2本です。これぞ勝利の醍醐《だいごみ》味とも言えます」

あまり感情を露《あらわ》にしない岡田監督だが、このとき声が少しだけうわずっていた。大会中に成長する選手が必ずいると言われるが、エースの早川人希がまさにそう。大会前の六月の練習試合では、平気で7、8点取られていた。おまけに大会前最後の練習試合で同じ進学校の時習館《じしゅうかん》にコールド負けを喫する有り様。打たれた原因はインコースを攻めても甘く入り、攻め切れずに打たれている。原因がわかっている失点だったため、あとは気持ちを高めてどう修正していくかだけが問題だった。それが三回戦の大同大大同戦で吹っ切れて投げられ、結果に繋がったのがチームに勢いをつけた。ポーカーフェイスで淡々と自信を持って投げる早川の姿を見て、ナインたちそれぞれが奮い立ち、打棒も大爆発。準々決勝の誠信《せいしん》戦では5回に一挙10点を取る猛攻で7回コールド。その勢いのまま準決勝の強豪豊田西を4対2で破り、晴れて決勝進出。

エースの早川は決勝までの7試合51イニングを投げ、防御率は1・24。二人の控え投手が3イニングを投げただけで、あとはすべて早川ひとりで投げている。それに比べ、中京は決勝まで5試合すべて二桁得点のコールド勝ち。エース堂林翔太《どうばやししょうた》（現広島）は、4試合で14回3分の1イニングしか投げておらず休養十分。どちらが有利かは言わずもがなだ。

決勝の会場は岡崎市民球場。刈谷の応援席にはバス8台を連ねた大応援団が陣取った。中京にとってはまさに完全アウェー。それだけに初回の入り方が非常に重要となる。

1回裏、中京の攻撃、1アウトランナー一塁で三番河合完治《かわいかんじ》（現トヨタ）が甘く入ったスライダーを狙い澄ましたように振り抜き、右中間一番深いところへ先制ツーラン。

「初回2点を取られはしましたが、どうってことなかったです。スライダーは見せ球にしてインコースで打ち取るという作戦だったのが、スライダーが甘く入って打たれたため、見せ球でも厳しく攻めなきゃいかん、ということがわかったぐらいですかね」

強豪校が決勝で公立校と対戦する場合、世の中不思議なもので判官びいきでマスコミも含めて公立校の応援に回る。それだけに、強豪私学は初回に是が非でも点を取って主導権を握りたい。二〇〇九年の東東京決勝の帝京対雪谷《ゆきがや》も初回帝京が6点先制し、24対1で圧勝。二〇一三年西東京決勝日大三対日野も初回日大三高が1点をもぎ取り、5対0で完勝。

「神宮球場の観客すべてが日野の応援。私たちは敵ですから、初回はなんとしても点を取って球場の雰囲気を変えたかった」（日大三高・小倉全由《おぐらまさよし》監督）

王者中京も球場の雰囲気を見て、初回の攻撃に全身全霊を注いだに違いない。試合の主導権さえ握れば、どれだけアウェーの雰囲気でも鎮圧できる。

「(相手を) 4、5点以内に抑えられて、こっちはそれ以上点を取れると思ってたんですよね。堂林は130キロ程度の真っすぐとスライダーだけだったんで、容易に点が取れると思った」

繰り返すが、この年の中京大中京は決勝まですべて二桁得点によるコールド勝ち。この年の選抜にも出場しており、中京大中京の打線はまさにメガトン級で、夏の県大会準々決勝においては数々の名勝負を繰り広げてきた愛工大名電を15対0と完膚なきまでに叩きのめした。

「堂林対策として、これを狙えというのは特になかったです。基本的にはストライクを逃さず、チャンスは積極的に行けがスタイルで、堂林は球威がなかったので普通にいけば（点を）取れるだろうと思ってました。それが思ったよりコントロールが良く、ほとんど膝付近にしか来ないんです。それもボールが微妙に動いており、ズラされてました。想像以上にコントロールは良かったのが誤算でした」

岡田監督からしたら、戦前にはピッチャーとしての堂林の評価は芳しくなく、刈谷打線ならなんなく打てると踏み、中京打線をどう抑えるかについての対策のみに絞っていた。〝3点に抑えれば勝機はある〟と選手たちにマインドコントロールするように言い聞かせることで、中京に対し気後れせず、気力を充満させた。

しかし、堂林の前に散発3安打で5対0の完封。エースで四番の堂林をはじめ、のちに法政で主将を務めた三番河合完治、捕手に二年生の磯村嘉孝《いそむらよしたか》（現広島）と技術、パワーともに超高校級が揃い、甲子園でも圧倒的な勝ち方で決勝まで進み、そして日本文理との決勝戦は球史に残る死闘を演じた。

9回2アウトで10対4と6点リードの中京大中京に対し、突如、日本文理が猛反撃を見せて一挙5点を奪い、点差はたった1点。甲子園球場は異常な盛り上がりを見せた。2アウトランナー一、二塁で一打出れば逆転という場面、カキーンと快音を響かせた打球は無情にもサードライナーに倒れゲームセット。夏の甲子園決勝史上、驚異の食い下がりを見せた日本文理に、スタンドは割れんばかりの拍手を送る。この二〇〇九年夏の甲子園決勝は甲子園ファンにとって非常に思い入れがある試合のひとつである。だからこそ、全国制覇した中京大中京についてもある意味記憶に新しい。その中京大中京を相手に、コールドゲーム並みの大差にならず苦しめたチームとして、刈谷高校は燦然と輝く。

筑波大で学んだ勝つ野球

「決勝が終わり中京に負けたあと、これは明らかに力負けしたなと思いました。三遊間の深いゴロを追いついてアウトにされたとき、これは勝てないなと感じました。甲子園でも勝ってくれて良かったです。力負けじゃなくて自分たちが勝手にコケちゃったとなると、相手の応援なんかしないですけど、もう逆にここまでやられたら完敗だと思いましたので」

多くの名将は口を揃えて言う。〝決勝に勝つには決勝で負けなきゃダメだ〟。いきなり決勝に行って勝つことは絶対にない。何回も負けてから見えるものがある。岡田監督にとって、初めての決勝で負けて学んだことは何だったのか。

「夏は打力が足りないと思いました。秋は投手力、守備力で勝てる経験をしました。結局、最後は打力の差なのかなと痛感しましたね。ですから毎年『夏は打たなきゃ勝てない』と言っています。秋と夏では起用する選手たちも違いますので、チームの作り方も違います。打力を上げるのは難しいですね。そこが一番の課題ですかね。打たなきゃ勝てないというのはわかってるんですけど、守備を鍛えながらプラスアルファとして打たなきゃ勝てないっていうか、それをどうやって作っていくのかが夏の難しさだと思います」

スーパーエースが全試合完投するのは、もはや20年前の話。今は、二人ないし三人のピッチャーを作り、どう継投していくかが試合の鍵となる。一九八〇年代中盤にプロ野球で先発、セットアッパー、抑えと分業制が確立されてから30年後、高校野球でも分業制が戦術として当たり前になった。一九九三年、高校野球連盟が障害防止のため複数投手の育成を推進するが、各高校とも御家事情で無視。そして近代野球への対応として、二〇一〇年頃から指導者たちもようやく複数投手の育成に力を注ぐようになった。

チーム作りの基本として、まずピッチャーを作ることから始まるのは日本に野球が伝承されて以来、当たり前の手順である。いいピッチャーがいればチーム作りはスムーズに行われる。問題は、何をもっていいピッチャーとするかだ。

「球威がなかったら変化球を磨きますし、投げ方を変則にしたり、間の取り方を変えたり、何か特徴を作るといいますか、ピッチャーには一番苦しい場面で投げられる球を必ず身に付けてほしいです。その前提として、牽制《けんせい》やフィールディングといった部分を教え、あとはいかに空振りを取れる球を身に付けられるか。空振りが取れなくてもズラしたりですね……。でも、夏はバットに当てられてしまうピッチャーは勝てない気がします。秋は通用するんですけど、夏はやっぱり空振りを取れるボールをいかに作るか、そのことはピッチャーに強く言います」

ピッチャー出身の岡田監督のやりたい野球は、固い守備で目の前の１アウトを着実に取り、そこからリズムを作っていくというものである。

「打力で中京や東邦を上回ることは、何年たっても無理だと思っています。足の速い選手が好きなので、ディフェンスを固めてあとはいろいろバントでかき回し、相手の守備を慌てさせるような攻撃で、中盤から終盤にかけて2点以内のビハインドに持っていけるかどうかを考えます。正直、秋のほうが断然やりやすく、思った以上に勝ちやすいです。再三言いますが、夏のほうが勝つのは難しい。秋は11年連続で県大会に出て一勝以上しています。県大会は50チーム以上出てくるので、一回勝つと最低でもベスト32、大体ベスト16以上までは行きます」

岡田監督は二〇〇六年、28歳のとき母校である刈谷高校の野球部監督に就任した。

「就任した当初から、選手たちはものすごく一生懸命でしたね。前任校と比較すると、前の高校は9時から練習するのに8時50分にひとり目が来て、10分の間にササーと集まるといった感じで、練習が終わってもさっと帰る感じだった。モチベーションから変えていかなきゃいけなかった。でも刈谷は、僕の現役時代と変わらず、〝勝ちたい〟、〝甲子園に行きたい〟というのを前面に出してました。朝練もやり、昼休みの40分間も練習やったりと、貪欲に野球に取り組んでいました」

岡田監督は就任当初から確固たる自信はあった。筑波大学4年間で野球観が変わるほど、いろいろなことを学んだ。筑波大学時代は、22年間43シーズン指揮をとり、チームを首都大学野球連盟で三度の優勝に導き、一九八七年（昭和六十二年）明治神宮大会で国立初の優勝を飾った功力靖雄《くぬぎやすお》監督の指導のもと、細かい野球、勝つ野球を学んだ。

「筑波に入学したときの四年生に杉本友《ゆう》、のちにオリックスにドラフト1位で指名されたピッチャーがいたんですけど、今まで持っていた野球観が見事に変わりましたね。こうやれば勝てるんだっていうのが4年間で見えました。僕の代は、夏の甲子園で帝京高校が優勝したんですけど、帝京のキャプテン、今治西《いまばりにし》のエース藤井秀悟（元ヤクルト）のキャッチャー仙波秀和とか……。筑波に推薦で入ってくるのは甲子園ベスト8以上の

メンバーのみで、高校時代の練習とかいろんな話を聞く中で、間違った野球を覚えていた感を受けました。公立校の今治西もこういう練習をしている、バッティング練習をこんなに積んでいるとか、同級生からの話や姿勢で得たものを、高校野球の監督になっていろいろチャレンジしながら取り入れました」

大学時代に高いレベルの野球に触れ、野球に対する知識が増えて指導者としてやっていけるという自信、いうなれば大学で学んだことを今の高校生に教えたら、もっと勝てるようになるという具体的なイメージが自分の中に確立していく。

前任校での監督のときは、ジレンマがものすごくあった。選手たちのまったく上がらないモチベーションでは勝負にならないと思ったが、それでも最後の年は県ベスト16まで行く。刈谷に来てから感じたのは、前任校では選手のモチベーションを上げることから、手取り足取り全部教えて作り上げたチームだったのに対し、想像以上に高いモチベーションのおかげで、技術等に少しヒントを与えるだけで目に見えて伸びていくということであった。ある意味、大きな違いを体感したおかげで、高揚感というか得難い感覚を得た。

刈谷の選手たちは、自発的に考え行動できる子たちばかりだったため、ひとつのヒントで三つ四つ五つぐらいの応用が利き、自分のものにしてしまう。そもそも進学校の選手は、努力したら報われるという勉強での成功体験があるため、野球においても自ら努力をする。こういう努力をすればこういう結果に結びつくというのを肌で実感しているため努力を惜しまず、結果が出ればそれが自信となる。

一方、頭が良いばかりに先々のことまで予測してしまい、諦めが早くなってしまう傾向もある。その考え方が先に来てしまうと当然ながら勝てない。そうなると打つ手はないのか。たとえ先々のことを予測しても、その都度の修正能力やモチベーションが高ければ諦めるようなことはしない。〝勝つ〟というモチベーションを切らさずにいられれば、予見したところでビクともしない。高い目標設定がなされ、モチベーションを切らさずに持続し、さらに技術が備われば自ずと結果は出る。就任3年目の夏ベスト4、そして4年目決勝と日の出の勢いで結果を出すのは至極当然だった。

東大から社会人野球

刈谷を卒業後、野球部員たちは100%の確率で大学進学（浪人含む）するわけだが、大学でも野球を続ける人数が、過去取材した高校の中で断トツであることに驚いた。

「大学で野球を続けてほしいというのはありますね。〝文武両道〟というのは、やっぱり高校だけじゃなく大学でも同じだと思います。それと、意外に成長の遅い子がチラホラいるんです。ちょうど大学に行ったときに良くなるなっていう子には『おまえ、今、身体がこんなんだけどセンスがあるから、大学で活躍できるように長い目で見て頑張れ』と言ってあげる。あと、大学で硬式野球を続けているメンバーを年末に呼んで、選手たちの前で話をさせます。売り込みじゃないですけど、こういう大学に行って、こういう環境で野球をやってますというのを、必ず練習のミーティングで話させる。後輩に自分の大学をちゃんとアピールさせます。それでだいぶ広がっていった感じがありますね」

平均すると、レギュラーのうち5、6人が大学でも野球を続けている。ネット社会により、早稲田や慶應の野球の違いを検索して調べることも可能だが、あくまでもぼんやりとしたイメージでしか理解できない。それよりも実際に早慶で野球をやっている先輩たちから話を聞いたほうが、より確かなビジョンで大学野球を考えることができる。さらに実際大学の練習メニューをやらせることで、より選手たちに刺激を与える。

「やはり高校野球で結果を残すことが大事だと思います。ベスト4、ベスト8に行くことで選手たちは〝大学でもやれるかもしれない〟と自信を持つんです。自信をなくした子は準硬式に流れたりします。だから勝たせたい。準優勝したメンバーは、結構上でやっています。体育の指導者になりたい子には筑波に行かせてますね」

結果を残すことで自信を持ち、それが大学でも野球をやるモチベーションに繋がる。

たまに高校野球で完全燃焼したとほざくやつがいるが、それは自分への言い訳にすぎない。怪我は別として、自信さえあれば上でやりたいと思うのは当たり前のことである。プロであれアマであれ野球が好きである以上、野球をずっと続けたい気持ちは未来永劫《えいごう》である。選手たちのそういった大切な気持ちを大事にしていきたいんだ、という岡田監督の強い意思が感じられる。

みんな野球を始めるきっかけはなんであれ、はじめはプロ野球選手になりたいと思って野球にのめり込む。でもやがて学年が上がるごとに壁にブチ当たり、どこかでプロを断念する。実際、岡田監督自身もプロを目指して野球に打ち込んでいた。小学校三年から野球を始め、甲子園を目指して私学に進学しようとするが、両親の猛反対を喰らう。「怪我したら終わりだぞ。怪我したら将来何も残らないんだからな！」。野球だけをやりたくて、先輩がいる愛工大名電に行きたいと希望するが周りの協力を得られず、幸い成績が学年で常に5番以内だったこともあって刈谷高校に進学。私学に負けない一心で練習に励み、高校三年夏には14年ぶりのベスト4進出。奇《く》しくも愛工大名電に5対0で完敗。そして筑波大学に進む。

「野球がとにかくやりたくて、筑波に行った。三年のときに、それまで悪かった腰が悪化し……、四年になってプロを諦めました。まぁ、大学出たらもう先がなかったのもあったし……」

精悍な顔つきの岡田監督は、さらに引き締まった顔つきで話す。

「野球を続けたかったので、その選択肢として指導者を目指しました。選手から切り替えました。結局大学で芽が出ず先がなかったので、そのときには指導者の道しかないかなという感じでした。野球に携わるにあたって、スポーツ企業やスポーツ店で働くというよりも、自分が今までやってきたことを教えたい気持ちが強くなりました。大学で学んだことが多かったんで、それを母校に帰って後輩に伝えたい気持ちがあった。選手から指導者への切り替えはスムーズと言えばスムーズでしたよ」

絶対にスムーズでなかったことくらい、岡田監督が話しているときの表情を見てすぐにわかった。プロを目指して大学野球まで続け、怪我もあって断念。12年間、毎日毎日野球のことばかり考えていた青春時代。怪我をしたからプロは諦めた。そんな簡単に割り切れるものではない。選択肢がなかったとはいえ、歯痒《はがゆ》さとやるせなさで苦しんだからこそ、指導者への転身は相当の覚悟を持って臨んだに違いない。

「自分の意志を持って自主練をやらせたいので、全体練習は短くしようと思っています。勉強に関して、今まで担任を持ってきた経験から言うと、東大へ行くやつは朝4時に起きて勉強するのを3年間続けるなど、やるやつは放っておいてもやる。過去に担任した中で東大に3人行ったんですけど、授業はしっかり聞き、あとは猛勉強するとかはないですよね。塾も通ってなかったですし」

過去、東大に3人行った中で、社会人野球まで進んだ男がいる。二〇〇九年決勝に進んだ当時高校二年のセカンド飯田裕太。二〇一六年、東大野球部主将だった飯田裕太は社会人野球の東邦ガスに入社した。東大の野手が社会人に行ったのは9年ぶりのことだった。どうしても彼に会いたくて、東邦ガス空見《そらみ》グラウンドにて話を聞くことができた。

――まず、高校二年（二〇〇九年）夏の決勝の中京大中京は対戦して正直どうでしたか？　堂林投手はこの試合でいいピッチングだったと聞きましたが。

「打線がすごくて、とにかく序盤を1点差くらいで抑えていけば、中京も中京らしい展開にできなくなるので、中盤から終盤にかけて勝負というつもりでした。堂林選手に関しては、投手としてはそんなに飛び抜けた存在とは感じなかったです。初回に三番河合さんに打たれたツーランが痛かったです」

――あの決勝のことを思い出しますか。いやいや、やっぱり過去は過去として思い出さないですよね。

「思い出しますよ。今のチームに当時中京大中京の主将でトップバッターの山中（渉《しょう》伍《ご》）さんがいて、2安打2打点を挙げていらっしゃるので『あのときヒョロッヒョロで弱そうだったもんな～』とよくからかわれます（笑）」

――あのときの中京大中京は準決勝まですべてコールド勝ちですが、決勝で当たると決まったとき何か思いましたか。グラウンドで整列したときに気後れしたとかありましたか。

「別に気後れなどしませんでしたが、身体は大きいなと思いました。中京大中京は大きく見せるためか、少し小さめなサイズを着てみんなピチピチなんですよ(笑)」

――いつから東大を目指したんでしょうか。

「高校二年の秋に東大OBの方が来て話を聞いたんです。東大は推薦がないのでリクルート活動を行っていて、進学校で東大に行けそうな生徒に声をかけています。話を聞いて、甲子園で活躍した選手と神宮で戦える魅力と、東大だったら早い段階で試合に出られると思い、高校二年の冬には東大に決めました。一年浪人しましたけど」

――現役時代の学校の成績と、勉強はどのくらいしていたのか正直に教えてください。

「数学はずっと1位です。あと物理、化学もトップクラスにいました。典型的な理系です。定期テストは30番くらいで模試になると10番前後でした。勉強は朝やってました。というのも、小学校から毎朝4時30分に起きて父親とランニングして、日の出とともにノックしたりと毎日練習していました。高校に入ってからは『朝の練習を勉強にあてろ』と父親から言われていたので、朝4時30分に起きて1時間ちょっと勉強して6時に朝食を食べ、7時の朝練に向かうという毎日でした。基本、朝の勉強は予習をして授業中はその予習の確認事項です。練習が終わって帰るのが19時30分くらいで、夕食を済ませてからランニングです。夜のランニングも小学生のときからやっていたことなので、それはずっと続けてました。夜は勉強しなかったです」

――勉強は朝だけで、授業中に完全に覚える……すごいですね。夏の大会が終わって引退してからの勉強時間と浪人のときの生活サイクルを教えてください。

「最後の夏が二回戦星城《せいじょう》高校戦で8回まで6対2で勝っていたんですが、8回裏で同点に追いつかれ10回裏でサヨナラ負け。もう夏休みはずっと引きずってましたので、勉強は全然してないです。本当に病んでました。新学期が始まってから切り替えて勉強を始めました。基本は朝起きて2時間勉強し、学校が終わってから残って勉強したり、市内の図書館の自習室で勉強したりで、授業以外はプラス4時間くらいですね。浪人してから予備校は駿台《すんだい》に行ったんですけど、それも河合塾の90分講義より駿台の50分授業のほうが自分に合っていると思い選んだだけですから。浪人のときも基本変わらないです。朝起きて2時間勉強して予備校に行って、夜は体力を落とさないよう身体を動かしてました」

――それって東大で野球をやるために、夜はトレーニングをしていたと？

「はい。入ってすぐ動けるようにするためです。実際、入学して他の現役で入った一年と比べても自分のほうが動けていたと思います」

――実際、センター試験はどのくらい取ったんですか？

「現役のときは770点で浪人して840点。東大はセンター試験の比率が低いので、足切りにさえならなければ何とかなると考えていました」

――東大以外の大学はどこを受けたんですか。

「いや、現役のときも浪人のときも東大一本です。他の大学と東大の試験は問題形式が似ていないので」

聞いていると、野球をやっていたとき、引退したあと、そして浪人のとき、基本生活スタイルは変わらない。朝4時30分に起きて勉強し、学校なり予備校に行き夜はランニングをする。この一貫した姿勢は、よっぽど強い精神力がないとできない。東大に行こうと決めた以上、行かない大学を受けても受験料の無駄であり、他の大学は受けない。普通は真似できない。ちょっと……いや、かなり異質な気がした。

一浪の末、晴れて東大野球部の一員となってからの、東京六大学でのプレーについて質問をした。

――憧れの六大学に入ったものの、ちょうど30連敗中の東大に入学し、ここから94連敗までまっしぐらに行くんですが、チームはどういった雰囲気だったんですか。

「僕が入ってから3年間一度も勝てず、それほど悲観的ではないんですが、どうやって勝てばいいのかわからない、チームとしてどこを伸ばしていけばいいのかわからない状態で迷ってましたね」

――一年秋からレギュラーの座を摑んで順調に見えましたが、個人的には東大に入ってレベルはどうでしたか。

「甲子園で活躍したメンバーたちと、神宮という同じ舞台で戦うことを目標に入ったので、高校よりもちろん練習量は増えましたが、質を上げて差を詰めることだけ考えてました」

入学した年には、他大学に煌《きら》めくピッチャー陣が揃っていた。法政四年に三嶋一輝《みしまかずき》（現横浜ＤｅＮＡ）、二年に石田健大《けんた》（現横浜ＤｅＮＡ）、慶應四年に福谷浩司《ふくたにこうじ》（現中日）、明治二年に山崎福也《やまさきさちや》（現オリックス）、早稲田二年に有原航平《ありはらこうへい》（現北海道日本ハム）とドラフト１位クラスがゴロゴロいて、レギュラーになった一年秋は打率１割台しか残せなかった。

――桑田真澄《くわたますみ》（元巨人）さんと、谷沢健一《やざわけんいち》（元中日）さんが東大へ特別コーチに来られて話題になりましたが。

「あと、今久留主《いまくるす》（成幸《なりゆき》、元西武）さんと野々垣《ののがき》（武志《たけし》、元広島）さんにも来ていただきました。野々垣さんからは基本的な守備を教わりました。桑田さんは投手陣を見ますのであれですが、谷沢さんにバッティングのことを聞くと、谷沢さんは天才だから『こうやってやればできるだろ』で終わるんですが、あとでプロの指導者に『東大の子たちがこういったことを聞いてくるけど、どう言ったらいいんだ？』とちゃんと指導法を聞いてきて、それを丁寧に教えてくれるんです。親切な方でした。東大にいると周りに怪物のような選手がいないので見て学ぶというのができなくて、自分で考えてやっていくしかない中で、元プロの方が来てくれたことは大いに勉強になりました」

——大学四年（二〇一五年）の春、法政に勝って94連敗を止めて念願の一勝を挙げましたけど、もうお祭り騒ぎでしたか。

「ひとつ勝って、次は勝ち点と考えていたので、大騒ぎなどしませんでした。でも夜のトップニュースになっていて、〝え？　そんなことでニュースになるの？〟って感じでした。勝つことが超珍しいということで取り上げられるのは非常に寂しいこと。でも、勝つためにどうしたらいいか、ずっと模索していた中で一勝を挙げられたことは良かったです」

——大学時代はどういう目標を立てていたんですか、まさか優勝……!?

「僕たちは勝ち点3を目標にしてました。まず他のチームと互角に戦うこと。順位が固定されてしまうと存在意義が問われます。簡単に勝ちを献上するのではなく、順位が動くチームにしたかった。僕の手で勝たせるために東大に入ったんだという思いがあったんですが、勝てない時期が長くて正直悩みました」

——大学時代を振り返って、個人としてどう評価してますか。

「個人の成績云々よりも勝ちたかったです。自分が打てなくてもチームが勝てれば良か

った し、逆に自分が打ってもチームが負ければなんにもなりませんから」

――今までの話を聞いていると、大学時代の不完全燃焼の部分が社会人野球へと駆り立てたのでしょうか。

「とにかく勝てるチームで野球がやりたかった。東大のほうで東邦ガスの会社説明会があって、それがきっかけで東邦ガスにお世話になることができました。高校では県ナンバーワン、甲子園出場、大学では勝ち点を目標にやってきましたが、全国の頂点を目指して野球をやったことがなかったので、もうひとつ高いレベルの環境で野球を続けられることに感謝しています。それに入社して四月にＪＡＢＡ静岡大会で優勝し、これは初めての大きな大会での優勝だったのでとても嬉しくて、チームの雰囲気も良くて、勝てるチームの一員なんだとあらためて感じました」

――こうやって、東大のことで取材されることは正直嫌ですか？

「ありがたいことだと思っております。こういう取材を通じて東大野球部の良さを伝えてもらえればいいことだし、アピールのひとつの手段ですから。東大出身ということで、社会人で野球を続けさせてもらっているのはあります。ひとつ注目するものを作ってアピールしていき、そこから自分本来のものを出していけばいいので、東大ブランドを使うのは悪いことじゃないと思っています」

東大では結果が出なかったことへの忸怩《じくじ》たる思いと、純粋に野球人として勝てるチームでやりたい思いが、さらに上のレベルである社会人野球へ入る原動力となった。東大での通算8失策の堅実な守備と繋げるシュアな打撃で、チームに必要な役割を果たして勝利に貢献できる選手を目指し日夜練習に励んでいる。人並み以上に培われた忍耐力、分析力、集中力が財産としてある以上、飯田選手はまた表舞台へと出てくるに違いない。

末端は鍛えない

刈谷高校とよくライバル視されるのが近隣にある県立岡崎高校で、二〇一六年の東大合格者数26名と、全国東大合格者ランキングでも25位につけるほどの超進学校。なぜこれほどまでに岡崎高校の東大進学率が上がったのかを少し記しておこう。

岡崎高校のある愛知県三河学区には私立の進学校がない。どうしてかというと、愛知県の入試制度は公立高校を2校一般受験できる複合選抜制をとっているため、他の私立高校は軒並み第3希望以下となるからだ。そのため上位公立高校の進学実績がほとんどの私立を上回る。愛知県の私立の進学校といえば、東海・滝・南山の御三家だが、南山は完全中高一貫、滝は立地面（江南市郊外）で三河からの通学が不便。東海にいたっては男子校のため女子は無理。それと、愛知県は学校が生徒指導にやたらと熱心であり、

いうなれば強権的に規則に従わせる「管理教育」が徹底している地域として有名。この徹底した「管理教育」が進学実績に結びついたともいえる。

ここでひとつの因果関係を見つけた。岡崎城と岡崎、丸亀城と丸亀、彦根城と彦根東、大阪城と大手前、鳥取城三の丸跡と鳥取西、佐賀城と佐賀西……、いずれもお城の近くに公立の進学校がある点だ。交通網が発達していない時代、地域の学力上位者を集める学校を設立するには、交通の便の良い市の中心部に立地することが必要だ。そのため、街の中心部にあるお城の近くに進学校が設立されることに何ら不思議はない。ここで面白いのは、岡崎に入れる学力があるのに、野球をやりたいがため刈谷に行くといった現象が起こっていることだ。実際、「野球をやりたいから岡崎より刈谷に来た」という選手が何人もいた。それほど刈谷の野球は秀才少年たちにとって魅力的に映る。

刈谷の野球はバッテリーを中心とした緻密な野球をやることに徹している。秋は送りバントはほとんどせず、徹底してセーフティーバントをやり、基本は攻めのバント。プッシュバントを含めて転がす位置、ランナーの位置によって頭を使って考えるバントを多用する。スクイズやセーフティースクイズがきっちりできれば、基本的に秋はそこそこ勝てる。教科書通りというか、オーソドックスな野球だ。

「秋の戦い方は攻めのバントができるか否かで勝負は決まる、と練習試合を通してずっと言い続けます。緻密さの精度は高いと思います。もともと繋ぎ役でやっていた選手が多いので、バントが上手かったりするのも幸いです」

練習を見ても、個々の能力が高い選手がチラホラいる。岡田監督に言わせれば、たまに3、4人良い選手も入ってくるが、他の公立高校と変わらない。現在、刈谷市近辺にボーイズ、シニアが10～12チームほど存在し、これは10年前には考えられなかった現象であるという。ボーイズ、シニアでいい成績を残し、なおかつ頭が良い子どもたちが刈谷に入ってくるのだ。

青春のシンボル〝ニキビ〟に加えてあどけなさも残るが、一年生ながら180センチ75キロの堂々とした体軀《たいく》の古市悠之亮は、その風貌に似合わず物腰柔らかく話す。実績は折り紙つきで、中学時代東海チャレンジャーボーイズに所属し、全国ベスト4という期待のスラッガー。岡田監督曰《いわ》く、就任以来最高のポテンシャルの持ち主だと絶賛。

「東海チャレンジャーボーイズ時代の同期は、愛工大名電、中京大中京、敦賀気比《つるがけひ》にいるやつや、それと大阪桐蔭四番の山田健太がいます。僕も中京大中京から声をかけてもらいましたが、二〇一五年夏の大会で刈谷がベスト8に入ったのを見て、勉強もできて野球もできる刈谷を選びました。一日一日が早く、文武両道は大変ですが、結果が出たときの喜びは格別なものなのでやりがいはあります」

威風堂々とした体格で丁寧に優しく話す姿に、なんともいえないギャップがある中、内容はまさに優等生的な発言。さらに、自分はみんなを引っ張るタイプに見られがちだが、実は縁の下の力持ち的な役割だと謙遜して言う。しかし、パンパンに張ったユニフォーム姿からは誰よりも自信が漲《みなぎ》っていたのは言うまでもない。

全身写真を撮ったとき、ファインダー越しにこれほど様になった選手は今までにいなかった一年生ピッチャーの澤田《さわだ》龍承《りゆうすけ》。面構えもいい。

「ボーイズ出身で、一応、中京、名電、享栄、東邦からも誘われました」

私学四強すべてから声がかかったという大物ルーキーは、淡々と静かに話す。

「親からは〝野球は大事だが、勉強もきちんとしたほうが将来のためになる〟と言われ、小さいときから勉強する癖はついてました。プロ野球に入れたとしても、そこで失敗して第二の人生を考えたとき、今のうちに勉強をやっておこうと思うようになったのが中学生の頃です」

ひと昔前まで、マスコミはプロ野球を華やかな世界として捉え続けていたが、昨今『プロ野球戦力外通告』なるTBSのドキュメンタリー番組を放映するなど、プロ野球界の知られざる過酷さにもスポットライトを当てている。さらにネットの掲示板を見れば、元プロ野球選手の第二の人生苦労話などが面白話のようにてんこ盛りに掲載されている。ソーシャルネットワークにより今や表も裏も丸裸にされるため、現代の子どもたちは物事を常にシビアに見ている。

「勉強は朝1時間、行き帰りの電車の中、そして家に帰ってトレーニングしたあとに1時間。正直キツイですが、やんなきゃいけないので。時には野球だけをやりたい衝動に駆られますが、そういうときは勉強をせずに一回リセットして、自分をコントロールします」

齢16にしてセルフコントロールができている。立派である。ＭＡＸ１３５キロのストレートをアウトローに投げ込める、絶対的な自信を持つ澤田投手。無限の可能性を持つ彼の右腕には、大人たちの未来への夢が宿っている。

超進学校において強豪ボーイズ、シニアの主力級が入部することはめったにないが、刈谷に限ってそれは当てはまらない。逸材が入るからといってそれだけで甲子園に行けるほど高校野球は甘くない。薄い選手層でも普段から高い目標を掲げて練習し、代替わりしても刈谷野球の真髄を継承していく。そういう歴史と伝統を築き上げていくことで、逸材が入ったときに扉が開かれていくのだ。

近代野球になってから、目覚ましいスピードでトレーニング方法が進歩してきた。筑波大学で多角的に野球を学んだ岡田監督に、現在の高校野球のトレーニング方法について聞いてみた。

「ピッチャーにとって一番重要な筋力といえば、臀部《でんぶ》や大腿部《だいたいぶ》。でも筋力がなくても速い球を投げるやつはいますからね。筋力よりも大事なのは股関節と肩関節ですかね。うまく連動できるピッチャーが筋力をつけると、ものすごくパワーアップしますね。やっぱりそこの連動がしっかりできるかどうか。筋力はそのあとです。正しいフォームを身に付けた腕の筋力、お尻、太もも周り、体幹ですね。バッターも正しいフォームで打てるのであれば、お尻周りや太ももとかですかね。背筋はパワーを鍛える筋肉としては大事。イメージとしては下から伝わるので、土台があっての上半身だと思うんです。

トレーニングとしては末端はいらないイメージ。野村監督の本でも書かれていましたけど、ホームランバッターに握力の強い選手はいない。松井秀喜《ひでき》（元ヤンキース）も60キロぐらいだと聞きます。それ聞いて失敗したなと思いました。現役時代、僕は握力をどんどん鍛えちゃったんですよ。86キロまで鍛えちゃったんです。鍛えまくっちゃって今ちょうど60ぐらいですかね。だから今はとにかく力を抜くことを考えています。選手に鍛えさせるのも体幹ばっかりですね。末端はトレーニングさせてないです」

一般的に野球やボクシングは、背筋が重要だと認識されていることだろう。確かに背筋も重要かもしれないが最重要箇所ではない。野球においてはまず下半身の土台作りが最重要課題。下から作り上げて上にいく。だから昔の野球は〝走れ走れ〟と執拗《しつよう》に叫ぶことで、選手たちにランニングを強制的に行わせて下半身強化に努めたのだ。

その一方で、どうしても怪我や故障に対しケアをしていかなくてはならない。これは強豪校や弱小校に限らずどこも同じである。刈谷は怪我や故障に関しては、あくまでも選手の申告に委ねている。肩、肘が痛いと言ったら痛みがなくなるまで絶対に投げさせない方針だ。だが、痛みがあっても「これくらいならいいや」と勝手に判断し、結局重症になってから申告してくるケースもある。

昨今の高校野球は怪我に対して非常にケアが行き届き、とにかく少しでも痛いところがあれば遠慮なく自己申告できる環境を作り、故障が見つかればすぐに病院に行かせる。そういった恵まれた環境を逆手にとって、時に練習をサボりたいがために、筋肉痛を痛みと申告して病院に行くこともある。なんでもかんでも痛い、病院行きます、だ。

だが刈谷ではなんでもかんでも「痛い」と言う子が少ない。チーム内で競争原理が働いているため、怪我で離脱すれば、レギュラーから一歩遠のくという雰囲気ができているのだ。

「〝痛い〟と言って練習を休む選手は、必然的に出場機会が減ってしまいますよね。怪我した選手はもう計算に入れません。ただ自分を追い込みがちな選手ほど怪我と紙一重なんで、そこを見極めないといけない。能力が高ければ高いほど、速いボールを投げて、速いスイングをする子ほど、怪我と紙一重ですので」

誰もしたくて怪我をするのではない。怪我をしてしまったことをとやかく言っても仕方がない。だが戦力にならない以上、戦略戦術において怪我人を計算に入れないのは指揮官として当然のことである。怪我にもいろいろな種類があり、未然に防ぐことができる怪我だってある。能力が高い選手ほど、成長期における身体と筋力のバランスに歪みが生じ、故障をしてしまう。〝無事之《これ》名馬〟。結局、最後は選手自身の自己管理に任せるしかない。

進学指導も一発勝負！

久しぶりに、ちょっと類を見ないやつに出会った気がした。

キャプテンでエース、三番バッターだった三年生の渋木優典（京都大卒）は、悠然とした雰囲気を醸し出す一方、進学校らしくない不遜な佇まいも時おり見せる。現役時代、勉強はほとんどしてないと悪びれずに堂々と言う。

「やばかったですね。家に帰ってからも、ご飯食べて風呂に入ってすぐに寝てましたから。母も『朝が早いんだから寝なさい』と言ってましたし」

目線は真っすぐ。優等生が放つ実直な目線ではなく、なんだか得体の知れない力を感じさせる。シニア出身で一年夏からベンチ入り、期待のピッチャーだった。

「私学四強を倒さない限り、甲子園は見えてこないのは誰でもわかることで、個々の能力を上回ることはほとんど不可能。要は、どうやって勝つ確率を上げていくかをずっと考えていて、入学してからはピッチャー次第だと思っていました。ピッチャーが抑えないと勝てないですから。二〇一五年秋の準々決勝で中京大中京と対戦し、うちが５点取ったんです。公立校が中京から５点取るってすごいことです。僕が打たれてしまい、非常にもったいないことをしました」

入学時から、勝つためにはどうするべきかを理知的に考え自ら答えを出し、３年間その信念のもと野球を続けた。文武両道についても独自の見解があるのではないかと聞いてみた。

「文武両道は難しい部分があります。できる人もいますが、自分には無理と思った。野球に集中しようと思ったのは、一番いけないのはどっちも中途半端になることだから。野球をやっている間は勉強のことはあまり考えませんでした」

渋木優典はひとりっ子で、親から勉強をしなさいと強制されたことはなかった。言われたのは「勉強は大事なことだけど、やらされるのではなく自分のためにやりなさい」だけ。他の者が塾に行って一生懸命受験勉強をしているかたわらで、彼は塾にも行かず学校の自習室にこもって勉強している。

「塾に行って人に教わるよりも、自分で考えたほうがいい。自分のことを一番わかっているのは自分だし、自分のやりたいようにやるのがいいんです」

勉強においても確固たる自分を持っているからこその発言だ。彼が目指すのは京都大学だという。

「人とはちょっと違うと感じますし、言われたこともあります。でも自分は自分です」

18歳にして達観しているようで、かつ生意気な部分も持ち合わせている。それでいて、なぜかわからないが妙に惹《ひ》かれる存在。あらためて人間の面白さを教えてくれる人物でもあった。

よく言われているのは、東大京大合格ラインの子どもたちは別に放っておいても大丈夫。学校的に一番ケアをしなくてはいけないのが、愛知でいうと名古屋大合格圏ギリギリの子どもたち。そういう子どもたちに対しては、進路指導をどうやっているのか。

「なんにもないですね。基本、進路指導は一本勝負。ダメなら浪人です。大抵理系クラスの担任を持つんですけど、男子はほとんど一発勝負で落ちたら浪人。女子は浪人できない子もいるんでフォローします。基本、大学4年間のことや就職のことを考えたら、ランクを落としていくよりも1年間頑張ったほうが先はあると思うので、滑り止めや私学を受けさせず東京、京都、名古屋の順番で向かうように指導していますかね。しかも一本勝負で行くようにという感じで。僕の受験のときも練習で受けておこうと思った私学について、意味がないからやめろって言われました。そんなの模試でやっているし、

受験しに行くだけ無駄、金の無駄、前期試験に向けて一日ないし二日損するぞって（笑）」

進学校になればなるほど、現役合格を目指して、ダメなら浪人。ランクを落として入るより、浪人して自分の希望する大学に入るほうが、どれだけ自分のため将来のためになるか。そこに強制はない。決めるのはあくまでも本人。自分の経験則を踏まえて相手の状況を鑑みて、進路指導する岡田監督にまったくブレはない。

甲子園にしても同じだ。限られた環境は全国の公立高校どこも同じ。高い目標を掲げている以上、目標を下げることに何の意味もない。勝つ確率を上げるためにできることは何か。自分たちの特性を把握し、それを生かす。高校野球も受験も一発勝負。長い人生において、絶対に勝たなくてはいけない場面に誰しも遭遇する。そんなときに逃げ道を作っておいて勝てるというのか。

勝負に、〝でも〟〝もしも〟もへったくれもない。不安なんて考えても尽きない。甲子園も東大も、どうすれば行けるか。難しく考えることはない。簡単だ。ただやるしかない。

「東大を狙える子は、やっぱり東大に行って野球をやってほしいですね」

岡田監督は言う。プロに行くことが最終目的ではなく、本人が納得いくまで野球を続けてほしいというのが指導者の願いでもある。

第5限　東京都立国立高等学校

清く
正しく
朗らかに

都立の星

〝国立《くにたち》〟と聞けば、由緒正しい落ち着いた住宅街、もしくは文教都市というイメージがある。

武蔵野エリアの高級住宅地としてステイタスを確立し、独自のカルチャーを構築しているのが、中央線沿線の学園都市・国立。ドイツにある教育・研究で有名な学園都市ゲッティンゲンをモデルにして、大学を中心とした学園都市として構想され、国立駅から伸びる３本の放射状道路、碁盤目状の区画割をもつ近代都市として整備されたのである。

長らく住んでみたい街ナンバーワンに燦然と輝いていた吉祥寺や、世田谷、目黒と十分肩を並べるイメージの街並みは、住民の理想郷としてのモデルケースでもある。一九八〇年（昭和五十五年）に伝説のアイドル山口百恵が俳優三浦友和との結婚を機に引退し、国立に居を構えたことが、よりイメージを際立たせた。

中央線快速で新宿まで32分、東京まで50分。通勤するのに苦にはならない距離。名前の由来は意外に安直である。中央線国分寺駅と立川駅の中間にできる新しい駅ということで、両駅から一文字ずつ取って「国立」と命名。

そして、国立にある大学と言えば、一橋大学。一九二三年（大正十二年）の関東大震災により、神田《かんだ》にあった東京商科大学（現在の一橋大学）が全壊状態だったため、これを東京の西のはずれのど田舎である谷保《やほ》村に誘致したのが、堤康次郎《つつみやすじろう》。あの西武グループの祖だ。

その一橋大学の目と鼻の先にあるのが、名門国立高校。一九四〇年（昭和十五年）、第十九中学として創設された。一中（現日比谷高校）、六中（現新宿高校）と比べると、かなり後発でできた学校だ。

東京都は、昭和四十二年度から都立高校については学校群制度を施行。二〜三校を群とし、学力が均等になるように振り分ける制度。多くの名門都立は凋落《ちょうらく》していったが、国立は多摩地区の名門立川高校と同じ群（72群）だったため、進学実績を伸ばす。一九八四年（昭和五十九年）は東大38人という都立2位の実績を上げる。国立の代名詞は、「都立の星」。やはり一九八〇年に甲子園に出場したことが、一躍全国に「国立」の名を広めたのは言うまでもない。

日本一の文化祭

国立ほどのレベルの高校だと、野球部の中で成績が下の選手はどこの大学に行くのか。国立高校野球部監督である福谷真一にダイレクトに聞いてみた。

「やっぱりここ数年は国公立か早慶かですね」

国公立というと地方の国立、俗に言う駅弁大学かと思った。

「いやいや、東京の国公立です。すごいですよ」

東京の国公立といえば、超難関大学ばかりだが……。

「東京の国公立って東大、東工大、一橋、学芸大、農工大、外語大、首都大学、立派ですよ。頑張って勉強するんだと思いますけれど、落ち着くところへ落ち着きますよね。もちろん、全員が現役じゃないでしょうけど、浪人を1年やればそこまで行けるんでしょう」

そう考えると、早慶は軽く入れてしまうのか。

「軽くはないです。軽くはないですけれど、〝国高マジック〟って呼ぶんですが、夏休みはずっと文化祭の準備をするんです。それが終わったあとに『もう終わったからすっ

国高
旋風

きりしたね』って本当に勉強を頑張って志望大学に入るんです」

国立高校の記事を検索して読んでみると、〝中高一貫の6年間よりも国立の3年間の充足感はものすごい〟、〝国高の3年間は濃すぎ〟と書かれたものを見つけた。

「楽しかったけれど、もう国高生活やりたくないっていう子もいますね」

福谷監督も目を細めて言う。

実は国立高校の文化祭は、ネットを中心に「日本一の文化祭」と各方面で話題を呼んでいる。全三年生がクラスごとに挑む演劇は文化祭レベルを超え、劇団の芝居を観ているかのよう。大手企業がプロジェクト・マネジメントの側面から関心を寄せているほどのクオリティの高さであり、文化祭当日の午前6時には校門前に100人以上が列をなし、近隣住民から苦情が出たほど。湘南の体育祭にしろ、札幌南の卒業式にしろ、超名門進学校の文化的催しはとにかく異彩を放つ。文武両道を謳う超名門進学校ほど、文武の〝文〟に個性を持たせており、むしろそこがアイデンティティーでもあるのだ。

進学校の野球部には文武両道という大義名分があり、テストで赤点を取ったらしばらくの間練習不参加という高校も実際ある。野球もして、勉強もして、身体を大きくするために睡眠も取らなければならず、限られた時間の中で、一日24時間を有効活用する選手たち。窮屈な制約が多い状況の中で野球と勉強を両立させ、夏が終わってから受験までの半年間の集中力は凄《すさ》まじいものがあると聞く。〝国高マジック〟と言いたくなるのもわかるが、マジックじゃない。間違いなく当人たちの勉強するという意志の強さの表れだ。

「面白いことを言っている子がいて、文武両道っていうのは毎日100頑張ることだと。18時までは野球をやって、それから家に帰って勉強をしたり塾に行ったりするのが普通。でもその子が言うには、三年の夏まで野球をして、夏が終わったら勉強をする。高校生活3年間を通して、これも文武両道だろうって言う子がいた。なるほどなと思いましたね」

「今でしょ！」で大ブレークした、予備校講師でタレントもどきの林修がこんなことを言っていた。

「東大でもトップのやつらは、高校時代から誰にも教わらなくてもすんなりと東大に行く。東大に行けるか行けないかのボーダーラインの子たちがいろんな影響を受けている。それが学校の教育方針だったり、家庭における教育環境だったりとか。そんなに一生懸命に受験勉強をしなくても抜けているやつは抜けている。頑張って東大へ入って、そういう抜けている子たちを見ると『何だ、こいつら？』と、ちょっとおかしくなっちゃうんです」

　されど東大。東大に通っているだけで優越感に浸り、満足できるのが日本人だったりする。だから天才が育たないのかもしれない。

甲子園の距離感

世の中、頭が良ければすべて良しなんて思うお母様方はたくさんいると思うが、そんなことはまったくない。なまじ頭が良いばっかりに支障が出る場合だってある。

「前の高校の子のほうが人懐っこいんですよね。こっちの子たちは、いろいろ考えて何か構えちゃいますね。頭が良いといろいろなリスクも浮かんできて、そんなことを考えているうちに一歩が出ないって感じです。『とりあえず、いいから行けよ』とこっちが仕掛けて動かさなきゃいけない」

選手たちに任せて何か発展していくこともあれば、指導者のほうから働きかけをしなければいけないところもある。これは全国どこの高校でも同じ。

よく勉強の頭と野球の頭は違うという話が出るが、国立高校の野球偏差値はそんなに高くないと福谷監督はハッキリ断言する。

「当たり前ですが、野球偏差値を上げていくのは訓練次第だと思います。そこを上げていくと、見える世界が変わっていき、できることがより鮮明に見えてくるのではないかと。ある意味、高校野球をやっていると誰しも〝甲子園に行きます〟、〝一番長い夏にします〟と何かと風を吹かせたがるものです。甲子園に行って全国制覇するんだっていう目標設定をして、練習を頑張ろうと言っているわけです」

見えない目標設定だと、練習においても当然支障が出るものだ。

「何で君らは野球をやっているんだっていう話をします。彼らに、甲子園に行かなかったら君らの高校生活は何も残らないのだろうかと投げかけたら、そうじゃないって言うと思うんですよ。何を残したいと思っているのかっていうのが、もうちょっと何か形になるといいかなという話をしていますね」

高校野球は甲子園がすべてと思われているが、それだけではない。甲子園に出場することも大事だが、甲子園を目指す過程が重要なのだ。

「野球部のメニュー係では、ピッチャーならピッチャー、キャッチャーならキャッチャーで、一週間こんなことやりたい、一カ月こんなことやりたい、春までにこうなりたい、トレーニングとしては一日おきに上半身と下半身のトレーニングをする、といった案がたくさん出てきて、すべてこなすには当然時間が足らないんです。その足らない部分を〝このチームには何が必要だと思うか〟ということを優先して、僕と一緒に考えながら調整していく。でも各係にとっては〝いやいや、そんな削られたら困るんだ〟っていう思いがあり、そこは話し合いが必要だと感じます。現状ではメニュー係が『はい、守備50分です、どうぞ』と言って、〝じゃあ何やろうかな〟と各部員が迷っている風にちょっと見受けられて……。体制をちょっと変えようっていうことで、そもそも過不足があるんだったら直したほうがいいし、それで最近出てきたのがバッティングとバント。僕の発言がきっかけかもしれないけど、必要だと思って話し合いをしたのは彼らですね」

いろいろな係を作ることで、結果各々が責任感を持つようになるかもしれないが、それで終わりではない。係を作ると任せっきりになる可能性もあるし、係を作らないと誰もやらない可能性も出てくる。となれば、まとめ役が必要となってくる。究極の理想は、係なんて作らなくても、〝やろう〟となったら必要なものを話し合って作り上げられること。いろいろな高校で班を作ったり、リーダーを任命したりするのはよく聞くのだが、福谷監督は、キャプテンとは違うまとめ役がいて、チームの現状を鑑みて動ける選手が出てくることで、よりチームを強化できると考えている。

二〇一五年秋に就任してから、この1年間でツイストアンドリターンのバッティングを止めさせた。普通のバッティングは、腰を回転させ、上半身を回転させ、最後に腕が出てくるが、身体が開きやすい。踏み込んだ足を踏ん張って、腰を回転させないようにして、腕が先に出るようにすると、バットのヘッドが速く走るようになり、インパクトのポイントも身体の正面になる。これがツイスト打法である。ツイスト打法の利点は、体の開きを防ぎ、腰が固定されヘッドスピードが増す、タイミングを外されてもバランスが崩されにくい、ミートポイントが長くなる、などである。

全体重をボールに乗せる練習で、トスバッティングのときミートの瞬間に軸足を上げて打つ。ツイスト打法のように前に向かう体重移動が難しい打法においては、適した練習である。ちなみに、体重は後ろに残せ、と日本では指導されるが、メジャーの長距離砲のほとんどは、全体重を前にぶつけるために軸足を浮かせたバッティングをする。ただ下半身がよほど鍛えられていないと難しい打法である。打率を上げたいという理由から、ツイスト打法を取り入れていたが、福谷監督が就任してから止めさせた。

「理論としては共感するところがたくさんあって、自分が思い描いていたバッティングの理想に近いんだけれども、ひとつはハマらない子がいるかもしれないっていうのと、もうひとつは自分自身が本当によくわかっているわけじゃないので言葉が使えない。ツイスト打法は後ろ足の動きに特徴があり、ハマらない子はうまくバットが振れなくなり、相手の守備隊形もぐっと変わるので、こっちの攻めようがなくなってしまうんです」

ツイスト打法のプロ野球選手といえば、阿部慎之助（現巨人二軍監督）、イチローもそれに近い形でやっていた。高校生が阿部やイチローの真似をしても所詮諸刃《もろは》の剣。高校生は高校生に合った野球をやればいい。だから高校野球なのだ。

言わずもがなであるが、西東京には全国レベルの強豪校がウジャウジャいる。日大三、早稲田実業、東海大菅生《すがお》、日大鶴ヶ丘、桜美林、堀越、創価《そうか》、国学院久我山……枚挙に暇がない。西東京の強豪チームの中で国立と練習試合を組むのは、都立日野と堀越くらい。選手たちは気後れすることなく、やってやるぞという意気込みを見せ、対戦するのを楽しみにしている。

時に人間は他人と比較して優越感を得る。国立の選手も、野球では敵《かな》わなくても勉強だったら俺たちのほうが上という理屈で、虚栄心を満たしているのかと思ったら、「勉強で勝っているなら野球でも勝ちたい」という意見がほとんどだった。偏差値50程度だとどうしても下衆《げす》な考えしか思いつかない。

「常々、〝頭が良いだけで使えねえって、世の中に出たら言われるぞ〟と言っています。やっぱり気が利かないやつとかは、社会に出ても役立たずで終わりですから」

進学校の野球部の中では意識レベルが高いというか、限られた環境、時間の中で野球に集中して、1時間なり2時間なり一生懸命やっている。〝俺たちはすごい努力をしている〟というのが、ひとつのモチベーションになっているとよく耳にする。

「それに関して僕は疑わしいと思っています。発端はそういう子たちがいて、大なり小なり結果を出してきたんだと思いますが、みんな手軽にいろんなものが見れちゃう時代。〝進学校の甲子園〟というような見出しで、限られたスペース、限られた時間で効率良く練習している、という記事を見て、俺らも当てはまる、だからそれを口にしているだけで、本当にプライドを持ってやっているかは疑わしいと思っています」

福谷監督は、本当にプライドを持って野球をやっている子たちがいるのかどうか懐疑的に見ている。国立に入った時点で、私学と違うことは重々わかっている。環境、時間ともに限られている中でやっていることが、逆に自身を納得させる材料となり、本当に勝つことへの執着が薄れていっている気もするというのだ。強豪私学は甲子園という命題を一身に背負い、日々プレッシャーの中で戦っている。甲子園に行かなくてはいけないというプレッシャーがどれだけのものか、国立の選手たちは知らない。甲子園に行くというのは、環境や時間ではなく、どれだけ強い意志を持ち続けるかだ。

〝甲子園への距離感は本当のところどうなのか〟という質問を各高校で尋ねている。特に、甲子園出場が非常に困難な高校ほど、この質問への明確な答えを聞いてみたいという強い気持ちがある。

「遠いですよね。本当に遠いですね。唯一、他校と違いがあるとするならば、先輩たちが行っているというところ。他とは違う距離感を感じている部分はあると思いますけど、それがすごく近くに引き寄せているわけじゃないと思います」

一九八〇年に国立高校は都立初の甲子園出場を果たした。今から37年も前のことだ。それでも甲子園に行っているということが、ひとつのモチベーションになっているという。選手たちに話を聞いても、「西東京で甲子園に行っている学校なので来ました」、「甲子園に行っているので、僕らも……」。17、18の少年たちは、国立が甲子園に出たとき間違いなく生まれていない。37年前という大昔であるのに、甲子園に出た学校という誇りを持っている。誇りを持つのはいいが、過去の栄光を言葉にすることで自分たちを納得させている風にしか聞こえなかった……。

国立フィーバー

一九八〇年は激動の時代への幕開けとなった。

もはや戦後とは呼べない八〇年代の序章、各界で大きな転換期を迎える。

政界では、現役総理大臣大平正芳《まさよし》が心筋梗塞による突然の死去、芸能界ではスーパースター山口百恵の引退、スポーツ界では巨人の長嶋茂雄監督解任、王貞治引退、音楽界ではジョン・レノン暗殺……という偉人たちの引き際を目の当たりにした一方で、日本が自動車生産台数世界一、任天堂が初の携帯型ゲーム機「ゲーム&ウオッチ」発売、大塚製薬がスポーツ飲料の先駆けとなる「ポカリスエット」発売、ツービート（北野武ほか）を中心とした漫才ブームと、来るべき21世紀に向かって新たな光を生み出した年でもあった。

「甲子園を強く意識した毎試合ではなかったけれど、負ける気はしませんでした」

今から37年前のことを懐かしそうに振り返りながら話すのは、少し白髪まじりのエース市川武史。身長167センチの小柄な身体からのサイドスローは制球力抜群で、予戦は決勝までの8試合81イニングをひとりで投げ抜いた。現在、キヤノン株式会社の半導体デバイス要素開発センター所長を務め、日夜開発に向けて研究し続けている。

昭和五十五年夏、西東京の国立高校は史上初めて都立で甲子園出場を勝ち取った。ピッチャーの市川武史は〝小さな大投手〟として国立フィーバーの立役者となった――。

あの夏、西東京は春の都大会優勝、関東大会ベスト4の日大三が大本命だった。2年連続甲子園出場を狙い、西東京ナンバーワン投手のエース谷津田伸二《やつだしんじ》、甲子園でホームランを打っている主砲蓮見昭仁《はすみあきひと》も健在で、投打において抜きん出ていた。その次に日大二、桜美林、都立東大和《ひがしやまと》が追っている状況だった。どの新聞を見ても、日大三が大本命の記事で、国立の〝く〟の字も出てこない。完全ノーマークだった。

高校野球関係者からは、都立で甲子園に出るのは都立東大和だろうと言われていた。昭和五十三年決勝、五十四年ベスト4と甲子園に一番近かったのは間違いなく都立東大和であり、元祖「都立の星」だった。

都立東大和を率いるのは佐藤道輔監督（故人）。のちに佐藤信奉者が多数現れるほどカリスマ性を持った指導者。「全員野球」の言葉を考案したように、100人を超える大所帯になってもレギュラー、補欠関係なく平等に同じ量の練習をさせた。大所帯になればなるほど、ひとり当たりのノックの量やバッティングの数も減る。それでも誰ひとり分け隔てなく同じ練習量を課す。バッティングがひとり3本のときだってある。レギュラーが少しでも気を抜いたプレーをすると、

「ただの一本、ただの一球ではないんだぞ。おまえはこの百数人の代表であるのに、なぜこんなプレーができるのか」

ベンチ入りメンバーも選手間の投票で決め、その際に「命懸けでメンバーを選べ！」と切に訴える。全員野球だからこそ〝一球〟の重要性、〝仲間〟の大切さを説く。野球を通じた高校教育であるという信念ゆえの名著が『甲子園の心を求めて　高校野球の汗と涙とともに』（報知新聞社）。私も読んで涙した。あらためて高校野球の奥深さを知らされた本でもある。

高校野球に興味のない者にとって、37年前の国立高校の甲子園出場の快挙があまりピンとこないのもわからないではない。

一世紀以上の歴史がある甲子園大会には、過去いろいろな名勝負がある。〝プリンス太田幸司の夏〟一九六九年決勝&再試合松山商対三沢、〝神様がくれた試合〟一九七九年箕島対星稜延長18回、〝真夏の死闘〟一九九八年準々決勝横浜対ＰＬ学園延長17回、〝ハンカチ王子（斎藤佑樹《ゆうき》）対マーくん（田中将大《まさひろ》）〟二〇〇六年決勝&再試合早実対駒

大苫小牧……高校野球ファンならずとも、その時代に生きた者であるなら、あの夏の熱狂を感じとっていたことだろう。

甲子園名勝負とは違って、甲子園史においてのエポックメイキングが三つある。まずは池田高校によるパワー野球、次にハンデ克服の駒大苫小牧夏連覇、そして国立の甲子園出場と言われている。多摩郊外にある都立国立高校は、都心中心部の都立西高校や都立日比谷高校といった進学校と比べると知名度的にややマイナーであったが、多摩地区では東大へ20人前後行く進学校。その国立が甲子園に行くことは、多摩エリアはもちろん、都内でも〝大事件〟だった。

この国立甲子園出場は、いろいろなところに波及効果を生んだ。学園ドラマの金字塔となった『3年B組金八先生』第2シリーズの第7話で、クラス発表会の話で武田鉄矢扮する金八先生が「おい、あの国立を見てみろよ」と説教をたれるシーンがあるなど、国立ネタはテレビでもよく使われた。

8年前、200万部を超す大ベストセラー『もし高校野球の女子マネージャーがドラッカーの『マネジメント』を読んだら』、通称「もしドラ」が大きな話題となった。野球部の女子マネージャーが経営マネジメントの理論を駆使して、都立高校を甲子園に導くといったストーリー。冒頭の部分に「都立高校で甲子園に行ったのは国立高校くらい……」というくだりがあるほど、国立の甲子園出場は平成の世にも影響を与えていたのだ。

伝説の国立メンバーたち

二〇〇一年から春の選抜甲子園で21世紀枠が設けられ、出場のチャンスを広げている。21世紀枠とは、各都道府県秋季大会で8強、加盟校が多い地区は16強入りを条件（二〇一三年に改定）とし、困難の克服、マナーの模範、文武両道などを評価するいわば希望枠である。この出場枠を設けるにあたって直接的な起因になっていないまでも、特別選考委員たちの頭の片隅に一九八〇年国立甲子園出場が過ったはず。そのようなことも絡み合いながら、なぜ国立高校が甲子園に行けたのか。なぜいまだに国立高校の伝説が影響を与えているのか。運や偶然といった非科学的な要素で片付けずに、当時のメンバー全員に話を訊きたくて、いろいろな伝手《つて》を辿って連絡を取った。

10人いるメンバーのうち4人が東大へ行って野球部に入り、そして3人がレギュラーになった。ピッチャーの市川武史は東大でもエースとして神宮のマウンドに立ち、7勝を挙げる活躍。ことあるごとにマスコミが彼らを追っていた時期もあった。そして37年経った今、彼らは五十路の坂を越し、名実共に社会的に地位のある職に就いている。医者、教授、研究者、科学者、上場企業の社長、編集委員……、あの夏を振り返ってどう思っているのか、一人ひとりに聞くための長い旅路についた――。

当時と変わらず黒ぶち眼鏡をかけ、見るからに温厚そうな朝日新聞社勤務の名取光広はゆっくりと口を開く。

「入学して甲子園に行きたいと思っていましたが、本当に行けるとは思っていなかったですね。三年春から甲子園への意識が高まった感じです。当時の尾又利一部長からいつも『東京は211校あるけど、本当に甲子園を狙えるのは、早実、日大三、日大一、帝京、桜美林の五つくらいで、その下に20校くらいある。おまえたちはその20校に入っているんだ。その5校のうちどれかを倒せば、甲子園に行くチャンスはあるんだ！』って言われ、本当にそうかなと思いながらもテンションは上がりますよね」

キャプテンでライト四番の名取は、青梅《おうめ》一中時代にピッチャーとして都大会に出場した実績を買われ、国立に合格後すぐに、市川、キャッチャーの川幡卓也《かわばたたくや》と一緒に練習に参加する。

「でも、入学直前に野球部を辞めたんです。つまり正式入部する前にですね。勉強と両立できないなと思い、二カ月間野球から離れてました。夏の大会メンバーを登録する直前に、部長先生から『おまえ、どうするんだ？』と言われて野球をまた始めたんです」

野球部にとっても名取は中学から鳴らしていた選手であり、是が非でも欲しかった。

昭和五十三年七月十九日、西東京大会一回戦野津田《のづた》戦。一年生では市川がサード、名取がライトで先発出場。市川は６回２アウトからマウンドに上がり、２回３分の１を２安打１四球、いきなり決勝点となるタイムリーを浴び、今でも市川のトラウマとなっている公式戦初登板である。この時、３対２で国立は一回戦負けを喫する。

ここから、伝説の国立メンバーの高校野球が始まる。

「無様な試合をしやがって、貴様らわかっとるのか、明日から練習だ！」

野津田という伏兵に負けたことが、監督の市川忠男の逆鱗《げきりん》に触れた。

夏の大会は、早く負けてしまう高校ほど夏の練習が長くなる。選手たちにとって暑い夏の練習は地獄の沙汰。国立もご多分に漏れず、七月二十日より狂気の夏の練習が始まった。

「あの夏は本当に苦しかったです。雲ひとつない快晴で雨も一日降ったくらいでしたからね」

キャッチャーの川幡は飄々と語りながら、１８６センチの長身を丸めて電通本社にあるラウンジにてコーヒーをすすった。

昭和五十三年の夏の東京は、平年よりも１・16℃高く、平均気温26・８℃は当時としては観測史上１位。記録的に梅雨明けが早く七月上旬から最高気温が35℃を超える猛暑日となり、北日本から関東地方、北陸地方にかけて多くの地点で夏（六月から八月）の平均気温が観測史上最も高く、昭和では有数の猛暑年となった。

「おい、前に出ろ！」

豆タンクのような身体つきの羽村幸男コーチが、ノックバット片手に声を上げる。一橋大学のグラウンドで燦々《さんさん》と照りつける太陽のもと、羽村コーチが内野、外野と分けてノックの雨を見舞う。正面だと怪我する可能性があるため、とにかく左右に振って走らせた。

「彼らが一年生のときしか見られなかったですが、メンバーは揃っていたけどまだまだって感じでしたね。でも、よく頑張りましたよ。やっぱり市川はセンスがありましたね。岩村は器用だった。キャッチャーの川幡も器用だったけど上手いとは思わなかったなぁ。西尾はファーストの守備が上手だったなぁ。レフトの森川も守備は上手かったです」

豪快に笑いながら羽村は目を細めた。国立から専修大に進み、大学ナンバーワンの鉄砲肩で正捕手として活躍。その後富山にある社会人野球・不二越《ふじこし》鋼材に入り、一九六三年の都市対抗に出場している。大学、社会人とバリバリ活躍した数少ないＯＢのひとり。専修時代にはオープン戦で立教の長嶋茂雄とも対戦したことがあり、専修の二つ下に広島、大洋で監督だった古葉竹識《こばたけし》（のちに専修中退）と、広島で活躍した興津立雄《おきつたつお》がいる。

「富山商業、魚津、それから秋田商業にもコーチに行ったことがあるから、甲子園に行くレベルは大体わかっていたので、守備はまあ合格点でした。割とメンバーは揃ってましたよ、下手は下手なりに（笑）」

まだこの頃は、軍国主義的というか、水が飲めない時代であり、記録的な暑さにもかかわらず練習中に水を飲むのが禁止だった。だが、あまりの暑さから水を飲むのを解禁すると、その日、バント練習のときにひとつ上の先輩が裏に回って水を飲んでいるのを見た市川監督がなぜか激怒し、「貴様ら、たるんどる！」。こうして水の解禁はたった一日で終わった。また「筋肉を減らすからダメだ！」という理由で炭酸を飲むのも禁止。何の科学的な根拠もなく、理不尽きわまりない時代だった。

ひとつ上の代は4人いたのだが、そのうち受験等の理由で2人が辞めたため、実質市川たちの代が一年秋から中心となる。主力として一年生の秋から実戦経験できたことも、今思えば大きかった。一年生の秋は、名取が背番号1で、市川は背番号5だった。

「中学時代はショートでしたが、甲子園出場を基準に高校を選びました。都立の他には中学二年時に全国制覇（一九七六年）した桜美林を受けました。国立に来た以上は自分がピッチャーをやらなければと傲慢な考えでしたね」（市川）

高校二年になり、背番号1の市川が名実共にエースとなり、夏の大会に臨む。一回戦関東を2対1、そして二回戦都立千歳《ちとせ》に13対4の7回コールド負け。エース市川が5回に突如乱調となり、6回投げて9安打、13失点。市川もこの試合に限っては「さすがにこのときは野球を辞めたくなりました」と語る。このとき市川は、勝つためにナックルなどいろいろな球種を試したため肘を痛めていた。なぜナックルかというと、伝説のナックルボーラーのフィル・ニークロ（元アトランタ・ブレーブス）が21勝で最多勝を獲った年であり、テレビでもナックルをよく取り上げて特集していた時期と重なる。まだ世間では大リーグと呼ばれている頃の話である。

ボロボロになって負けたが、後ろを振り向いても仕方がない。

ついに市川たちの代の新チームが始動する。

「秋は選抜に行けるんじゃないかと真剣に思ってました。夏は強豪チームが力を付けてくるから、狙うんだったら秋だなと。負けたショックが一番大きかったのは高校二年の秋の大会です」

冗談も通じるフランクな川幡だけに、体のいいリップサービスかと思った。

「高校二年の秋は真剣に狙っていました。正直、高校二年の秋が一番強かったと思います」

冷静沈着な市川も同じことを言い、ビックリした覚えがある。

夏の猛練習を重ね、合間に練習試合が組まれる。

○　8対7　大成
○　8対7　東亜
●　5対7　都立東大和
○　15対2　巣鴨
○　3対2　木更津《きさらづ》紅陵《こうりょう》
●　6対7　千葉県立天羽《あまは》
○　17対4　中大付属
○　2対1　都立片倉
○　4対0　創価
○　28対0　都立日野

練習試合のため下級生も出場させているが、格下の相手には大量点を挙げて勝っている。非力と言われた国立の打力がアップしたのを、一番実感していたのは選手たちだった。

東京都秋季大会。ここで優勝すれば選抜甲子園の代表に選ばれる。

秋の大会ブロック大会
一回戦　○　8対1　成蹊《せいけい》

準々決勝　○　9対1　都立小金井工業
準決勝　○　5対2　関東一
決勝　●　1対5　都立農林

「一年秋からずっとみんなと主力としてやってきて二年夏が終わり、他の高校が新チームになる頃には僕らより格下のチームに思えるわけです。ずっと主力でやっていて自分たちでも強いなと感じていて、甲子園に行けると思っていました。そうしたら体育の授業のプールで肩を壊したんです。プールが終わって、遠投中に肩がブチッと音がして、〝まずい〟って思いました。ブロックの準決勝の前だったので、鍼《はり》を打ってなんとか投げ勝ったんですけど、決勝では打たれて負けました」

市川にしては珍しく、秋の大会で負けた悔しさが滲《にじ》み出ているように見えた。

当時の東京都は、秋のブロック大会で3位に入らないと春の大会に出られないシステムだった。高校三年となった市川たちは最後の夏に向け、まずはシードを取るために春の大会に出場した。

「なんとか痛めていた肩も治り、春の大会で一回戦日大豊山《ぶざん》に4対2で完投勝ちした翌日の練習中に、市川監督から『横から投げろ！』と言われました。市川監督も秋のイメージがあり、自分も秋の感じではないな、このままじゃまずいなと思っていたので、言われても違和感なかったです。横から投げる練習をした翌日に二回戦都立東大和と対戦し負けましたが、投げてみるとしっくりきて、自分は上背もないし、上から投げると球が素直すぎるかなっていうのは感じていましたので」

この強豪都立東大和に延長10回１対０のサヨナラで負けはしたものの、国立のメンバーはかなりの自信をもった。これが夏の大会にも生きるのだった。

それでも他校から見れば、国立はただの都立でしかない。

こんなことがあった。国学院久我山と練習試合を組んだのだが、待てど暮らせど国学院久我山が現れない。おかしいなと思い連絡してみると、国学院久我山は横浜との練習試合に行ったという。ダブルブッキングをして国立は見捨てられたのだ。完全に舐《な》められていた。

夏の大会前の六月上旬、日大二高と練習試合をやり14対３の大敗。エラーは続出するわ、打てないわで、ボロボロ状態。ちょうど疲れがピークでチーム状態が最も落ちているときであった。市川は４イニングを投げ、９安打、２四球、６失点と散々な結果。

「日大二にボロボロにやられて、このままじゃまずいと思い、ムービングファストボール、いわゆるブレ球を学び、シュート系、今で言うとツーシームを得て夏の大会に入りました。この大会でピッチングに自信を得ました」

破竹の快進撃

夏の西東京大会は、七月十五日から熱戦の火蓋が切られた。

国立の初戦は十七日、昭島球場での第三試合。夏の初戦の入り方は非常に重要である。一発勝負のトーナメントのため、負けたら終わり。どこの高校も慎重に入り、万全の状態で臨む。その年の選抜優勝校だろうと、初戦は硬くなる。国立の一回戦は、都立武蔵村山。

国立のスターティングメンバーは、

一番　セカンド　　村松一樹
二番　ファースト　西尾　裕
三番　ショート　　岩村太郎
四番　ライト　　　名取光広
五番　キャッチャー　川幡卓也
六番　ピッチャー　市川武史
七番　センター　　浅川岳夫

八番　レフト　　　　森川　純
九番　サード　　　　有本　忍（二年）

サードの有本以外はすべて三年生。背番号はすべてレギュラー番号。

実は、国立はこの初戦で消えてもおかしくなかった。

都立武蔵村山は二年生の左の好投手西沢浩一（元ヤクルト）がおり、高校二年の秋と高校三年の春に練習試合をし、８対３、７対３と負けている。特に春の練習試合では、西沢が先発し８回まで２安打11奪三振で無得点。最終回に川幡のホームラン等で３点を返すのが精一杯。完全に抑え込まれた。この年、都立武蔵村山は真剣に甲子園を目指しており、組み合わせを見てエース西沢を温存し、三年のサイドスローの針替を先発に持ってきた。

国立のエース市川は落ち着いた投球を見せ、特にカーブが冴《さ》え渡り、４安打８奪三振でシャットアウト。国立は４回に押し出し、８回にスクイズで取った２点を大事に、なんとか逃げ切った。まさに辛勝。

二回戦都立武蔵村山東４対０、三回戦私立武蔵７対２と順当に勝ち、これでベスト16。大会前は、四回戦に当たるシード校の錦城《きんじよう》までは行けると踏み、シード校を倒してベスト８に行くというのが目標だった。夏前に錦城とも練習試合をやっており、８回まで

1対0で勝っていたが9回にショートのエラーにより2対1のサヨナラ負け。まったく知らない相手ではなく、互角以上に戦えると選手たちは思っていた。

初回、錦城の橘《たちばな》投手の立ち上がりを攻め、橘が制球に苦しむ中、打者10人で4四球、3安打、スクイズで一挙4点。市川は三連投の疲れもなく、散発3安打シャットアウト。4対0の快勝。これで念願のベスト8進出。

準々決勝は第2シードの佼成《こうせい》学園と対戦し、1対1の延長18回引き分け。試合時間は3時間52分。市川はたったひとりで投げ抜き205球の完投。佼成学園の今西錬太郎《れんたろう》監督は、1リーグ時代の阪急に入団し、一九四八年23勝で最多勝、4年連続二桁勝利とプロ入団5年間で80勝を挙げた名投手。その今西監督でさえも、市川投手を「大したピッチャーですね。参りましたよ」と賛辞を送る。

「負ける気がしなかったですね。武史が良かったですから」

キャッチャーの川幡は、この延長18回の試合を感慨深く話すのではなく、一刀両断するように言い放った。もっとハラハラドキドキのコメントがもらえると思っていたのが、少し拍子抜けの感じがした。

「やっているほうは淡々とプレーしていたので、そんなに大変だとは思わなかったんですけど、周りのほうがハラハラして見ていたらしいですね。13回にサヨナラのピンチはあるんですけど、不思議なくらいまったく苦しくなかったです。翌日も平気でした」

市川は佼成学園戦延長18回を思い返しても苦しいと感じたこともなく、再試合にいたっては勝って当然といった様子で話す。強がりでもなんでもなくサラリと言うのだ。他のメンバーに訊いても「危なかった～」といった不安を覗かせるコメントはひとつもなく、「シビれたけど大丈夫だと思った」「武史が安定してましたから」と、メンバー全員が市川に盤石の信頼を寄せていた。

そして、翌日の再試合は６対３で国立が勝利。両チーム合わせて25安打、失策４、20残塁という大味な展開となり、それでもエース市川が要所要所を締め、12奪三振で完投。再試合を合わせて27イニング３３１球連投勝利。この頃から新聞の見出しに〝東大志望〟と出るようになる。31年ぶりのベスト４。その時、サウスポーとして４強進出の原動力となったのが市川忠男監督だった。

「あのときは都立八高（現小山台）に負けたんですよね～」

今から68年前のことを、懐かしそうに話す監督の市川忠男は御年83歳。今でも矍鑠《かくしやく》とした姿勢を見ると、昔はさぞ怖かったんだろうなと思わせる。

「彼らの高校一年の夏の練習なんか、それほど厳しくしたつもりはないですけど（笑）。このメンバーに甲子園の〝こ〟の字も言ったことがない。だってレギュラーの中に野球未経験者が４人いるんですよ。やはり武史の力が大きい。よく練習してよく走りましたね。バッターに向かっていく気持ちが良い」

甲子園に出たかつてのエースを褒《ほ》め讃《たた》える。

市川忠男の経歴を見ると、国立高校から社会人野球の東京鉄道管理局野球部（現ＪＲ東日本硬式野球部）でプレーし、その後、国立の監督就任。どのような経緯なのか興味本位で訊いてみた。

高校時代、福生《ふっさ》町営のグラウンド開きに、社会人野球の東京鉄道管理局野球部とノンプロチーム「オール福生」、そして高校は国立と中野（現明大中野）が招待され、第一試合に国立と中野が対戦した。中野の先発は三年の松田清（故人。元巨人）。松田といえば、巨人時代の19連勝が今でもセ・リーグ記録として残っている名投手。その松田と投げ合い3対1で負けるも、東京鉄道管理局野球部の監督から「うちへ来ないか」と誘われ入社。

それから2年後、大宮球場で東京鉄道管理局野球部と春のリーグで優勝した専修大学との親善試合があり、先発した市川は8回まで2対0で勝っていたが、9回に3ランを喰らい逆転負け。試合後、専修の関係者が近寄ってきて「うちへ来ませんか？」と勧誘され、九月の編入試験を受け専修に入学。しかし、家業の市川洋服店を継ぐため一年足らずで中退。

「専修の四年生に南海で首位打者を獲った杉山（光平）さんがいて、フリーバッティングのときにぶつけてビビリましたね。あと、東映フライヤーズの練習に行ったことがありますよ。あと10センチ身長があったら、プロに行ってましたよ（笑）」

初代〝小さなエース〟だった市川忠男は自嘲しながらも、我が青春時代を楽しそうに話す。

「昔は国立の監督は大学生がやっていたんです。でも授業の関係があるため２年ほどで代わるんです。ひとつ上の先輩が国立の野球部を見ていて『俺が行けないときにフォローしてくれ！』と言われ、それまでときどき私も見ていたんですけど、ある日を境に先輩が来なくなって、そのまま監督に就任というわけです」

一九六九年に監督に就任し、11年目に念願の甲子園に出場したため、これで辞めようと思ったが周囲は許してくれず、それから一九九一年（平成三年）まで続ける。その後、一橋大学野球部監督を８年間務めた。

「当時は国立の南側がずっと土手で、私はバイクでその土手に沿ってバックネットに行くんです。選手たちはバイクの音が聞こえると急に元気な声を出すんです。こいつらっと思って、ある日バイクのエンジンを切って惰力でこっそり行ってひょいと顔を出すと、あいつらものすごくビックリした顔をするんですよ（笑）」

化かし合いじゃないが、選手はいかに楽に練習をするか、監督はいかに手綱を緩めずに選手たちのモチベーションを保たせるか、いつの時代でも同じである。

羽村コーチは市川忠男が主戦で投げてベスト４進出したのを見て国立に入り、やがてコーチとして手伝い、投手出身の市川忠男監督は偶然同じ名字の市川武史というピッチャーを育て上げ、甲子園に連れていった。これも何かの縁であるとしか思えない。とにかく、市川忠男監督といい、羽村コーチといい、社会人でバリバリやっていた指導者がただやみくもではなく、選手たちの個々のレベルに合わせて練習させていたことが甲子園に繋がったともいえよう。

国立の勢いは止まらない。

準決勝に残った4チーム、国学院久我山、駒大、堀越、そして国立の4チームともノーシード校。準々決勝で大本命の日大三が敗れ、西東京は混沌《こんとん》としてきた。それでも、進学校の国立が31年ぶりのベスト4ということで、格好のネタとしてマスコミは騒ぎ立てたが、まだ誰も本気にはしていなかった。

準決勝の相手、堀越のサウスポー森田は、日大二、国士舘《こくしかん》の強豪を抑え37イニング無失点の好投を続けていたが、国立は3回にワンチャンスをものにして2点先取、そのまま市川がシャットアウトして2対0で初の決勝進出。国立は3安打で勝利。市川は時おりランナーを背負うものの守備妨害や強烈なライナーが二度併殺打になるなどして、完全に運も味方にした。

堀越は過去甲子園に出ている学校でもあり、準決勝ということで国立は緊張するかと思いきや、堀越のエース森田は、名取キャプテンがいた中学の隣りの中学出身、四番の菊谷美晴は市川と同じ中学の先輩後輩ということもあり、まったく見知らぬ相手というわけではなく、何もビビることはなかった。さらに言えば〝もう負ける気がしない〟という信念のもと選手たちはプレーするだけだった。

市川ばかりがスポットライトを浴びていたが、この試合でヒーローが出る。ショートの岩村太郎。日本医科大学医学部卒業後、医師となり、現在、平成立石ペンギンクリニックの院長。3回表2アウト二塁で、4球目をライトオーバー、フェンスいっぱいの二塁打で先制点。

口髭《くちひげ》を蓄えたダンディなドクター岩村は、優しい口調で語る。

「準々決勝の佼成学園の引き分け再試合ではいい場面で打てず、試合終了後ミーティングに向かうとき球場の土手の上から応援に来ていた小・中学時代の友人たちに〝全然打てねえじゃねえか〟とやじられ〝次は絶対打ってやるよ〟と返した覚えがあります。相手は確か予選を連続無失点で勝ち上がってきた好投手であったし、ストレートで押してくると思っていたのであまり変化球というのは頭になかった。打った瞬間は上がりすぎたと思いましたが抜けてくれて良かったです」

先制点を入れたあとの8回裏、1アウト二、三塁のピンチで迎えるバッターは四番菊谷。3ボール2ストライクの8球目、快音を残して打球は三遊間、抜ければ一打同点というところをショートの岩村がダイビングキャッチ。そのまま三塁に転送しダブルプレー。

「あの場面、相手の四番もいいバッターでした。武史の投球は外角低めへのカーブだったと思いますが、あのバッターが素直な良いスイングをして芯で捉えたら、打球は三遊間に来るという〝勘〟でしょうか。三遊間への意識が強く瞬間的に少しサード方向に寄ったと思います。ショートの良いところですが、投球と打者のスイングが見えるため、打球の方向を予測しながら動いていたと思います。本当に打球が来たときはもう夢中というしかなく、捕球してから次にどこに投げるべきかとっさには判断できませんでした。この大会では、守備面ではみんなエラーを怖がらず、ボールに向かっていく姿勢ができていたと思います」

メンバーの中では野球センスが一番あるのは市川、その次が岩村だという。岩村は、中学時代週2回のバドミントン部に所属し野球経験がない。幼い頃、心臓の手術をし、激しい運動を控えていた。そして、高校生になり満を持して野球部に入り、メキメキと頭角を現す。カーブを打てるのは、四番の名取と岩村だけだとも言われており、三番に定着。

「バドミントンで鍛えたスナップの強さと、あと中学のときバドミントンの練習がない日はゴムボールで野球をやっていたので、変化球に慣れていたんでしょう」

国立のバッティング練習は、野手が投げる球を平日は5本、土日でも15本くらいしか打っておらず、試合でしかカーブを見たことがない。そりゃ、打てるわけがない。

四回戦から四連投で599球。〝小さな大投手〟は〝小さな巨人〟にキャッチフレーズが変わるほどのタフネスぶり。

「重いスナップボールを持ち歩いて手首を強くしたりしてましたね。投げるのと走るのは嫌いじゃなかったです。最初からスタミナがあったわけではなく、高校に入った頃はスタミナはまったくなかったです。夏は連投するのが前提。連投に耐えうる体力をつけろ、毎試合毎試合連投だから、そこで投げるために練習をしろと監督には徹底的に洗脳されました。時には300球全力のストレートだけの投げ込みをやったり、時にはいつもの距離より長い10キロを超える長距離を走ったりしました」

最近、ピッチャーのスタミナをつけるには長距離よりも短距離をやったほうがいいと言われている。ピッチングは投げるという速い動作を繰り返す無酸素運動のため、投げたあとの疲労度はダッシュと同じ感覚。だから短距離（ダッシュ）を多くやったほうがスタミナはつくと。それも一理あるのだが、中距離（ポール間走）や長距離（ロードワーク）が不必要かというとそうではない。長距離に関しては、試合前や練習前のウォーミングアップで筋肉の血流を良くし、柔軟性や可動域を高める。また、乳酸や疲労物質を除去して疲労回復するのに一番効果がある。投手であるからには、短距離走、中距離走、長距離走をバランスよくやることが大切だ。

試合終了後、市川監督はタオルで顔を覆い続けた。甲子園出場が決まったわけではないのに、スタンドは「万歳！　万歳！」の大歓声。堀越の横断幕は〝甲子園へ〟、一方国立は〝神宮へ〟。意識の差は違うけれど、選手たちは甲子園というより、負ける気がしないという強い思いで一致団結していた。

神宮での決勝戦

「確か相手が駒沢に決まったとき、『こりゃ、勝てんじゃねえの！』とみんなで話していたような気もしますね～」

市川は記憶を辿りながらゆっくりと答える。決勝までは余裕がなかったのが本音だ。それまでは相手がどこだというより、目の前の一戦一戦を戦っていただけに、この決勝になってようやく相手を意識した感じだった。勝負は意識したほうが負けと言われるが、このときの国立はそんなことをも超越していた。

〝勝つというより、負けない〟。この気持ちが数十倍も勝っていたからだ。

国立駅で待ち合わせをした選手たちは、別に浮かれているようでも緊張しているようでもなく、いつもと同じような感じで電車に乗り、千駄ヶ谷《せんだがや》駅で降車した。「帰りが混むから切符買っておこうぜー」と誰かが言い、みんなで帰りの切符を買った。勝っても負けても電車で帰るつもりだった。

ロッカーで着替えて軽いミーティングが始まる。市川忠男監督が神妙な面持ちで言葉を発する。都立勢が決勝に行くのは、一九四九年小山台、七五年東大和に続く三度目。

「とにかく、負けてもメダルがもらえる」

緊張をほぐそうとした指揮官の言葉が変に空回りするほど、選手たちの意識は甲子園に是が非でも行くという気持ちで凝りかたまっていたわけではなく、神宮球場のスタンドにいた3万人の観客の熱気のすごさにただただ目を丸くした。二日前の準決勝での〝神宮へ〟という垂れ幕は、〝浪人覚悟　甲子園へ〟と書き換えられた。いかにも進学校らしい、シニカルな垂れ幕である。三塁側の国立応援団は、地元国立市から1万2千人以上詰めかけ、当時の国立市の人口が6万4千人なので、5人にひとりは熱い声援を送ったことになる。神宮の3万人の観客は判官びいきもあってか一塁側の駒大応援席以外、〝都立を甲子園へ〟という国立応援ムード。

「あの夏はものすごい冷夏で、そういった意味では楽でしたね。涼しかったからあれだけ投げられたんだと武史に言うと、〝そんなことはない〟と怒りますがね（笑）」

名取キャプテンが和やかに言う。

昭和五十五年七月から八月の東京は、観測史上稀に見る冷夏と長雨。六月前半は晴天が続き異様に暑かったのだが、後半以降梅雨明けまで雨か曇り。七月二十一日の梅雨明けから5日間くらいは晴天がチラホラあったが月末から梅雨に逆戻り。八月九日から一週間は爽やかな晴天になったが、お盆以後月末までほとんど雨と曇りの日という記録が残っている。

「冷夏だったからと言われるとカチンとくるところがあって（笑）、『暑かったって勝てたよ』と言いたいのはやまやまですが、実際わからないですから。でも暑さにも耐える練習はやってきましたので」

市川の投手としてのプライドを見た気がした。

「実は、みんなで約束していたことがあって、勝っても整然と整列しようと言っていたのに、みんながマウンドに集まってきちゃって、だからこんな格好なんです」

優勝したときの報道写真を見ると、市川はマウンドでガッツポーズすることなく手をだらんと下げ、力が抜けた仁王立ちのような格好でいたところに、他の選手たちが予想に反して駆け寄ってくるから「あれ？」とちょっとおどけた顔をしている。

約束事は他にもあった。

「ゲン担ぎで、決勝はユニフォームを洗わずに行こうぜと言ったのに、みんな綺麗に洗ってきて、俺のユニフォームだけやけに黒かったです（笑）」（岩村）

青春とは、時に裏切られるものだ。

試合は一進一退のまま0対0が続き、9回表国立の攻撃。先頭打者の三番岩村がレフト前ヒットで出塁。続く四番名取が右中間を破る2ベースでノーアウト二、三塁。絶好のチャンス。続く五番のキャッチャー川幡卓也。

「初戦の武蔵村山もスクイズ、錦城のときも先制のスクイズだったので、2ストライクに追い込まれるまでスクイズだと思ってましたけど、前の打席で2ベース打ってますし、ノーアウト二、三塁だし、ここは打っていいかと三つ振って三振。とても美味《おい》しい場面だったんですけど、三振だからテレビのダイジェストにも映らない。緊張というより力が入ってましたね。まあ、失敗しても次にスクイズで点が入るだろうからと思って、あんなにのびのびとバット振ったのは高校で初めて。〝ここは振っていいんだ〟と、思い切り振りましたね」

電通に勤める川幡は186センチの高身長で、ランニングをやっているせいかスリムな体型にバッチリ決まったスーツ姿で、本音とも冗談ともつかぬ発言をするのだが、このシーンだけは嬉しそうに清々しく語っていたのが印象的だった。

1アウト二、三塁で六番ピッチャーの市川。1ボールからの二球目を予定通りにスクイズ。国立が先制点を挙げる。

三塁ランナーで先制点のホームを踏んだ岩村は、このときの心境を語る。

「武史のスクイズがピッチャー前の小フライっぽくなったんです。ここしか点が取れないなと思い、捕られても俺のせいじゃないとホームへ走ったんです。セーフになって先制点を取ったからといって、みんなで抱き合うとかじゃなく、案外冷めているというか、みんなは武史がファーストでアウトかセーフかのほうを気にしていましたね」

先制点で意気上がる国立は、七番西尾裕の左中間を深々と破るタイムリー3ベースで2点目を追加。ここで勝負あった。2点目のタイムリーを打った西尾が訥々《とつとつ》と語る。

「この打席は打てるイメージを持っていたというか、極めて冷静だったと思います。八、九番がまったく期待薄でしたし、四球ではダメなので早めから振るつもりでした。一回戦の相手に練習試合で2回とも負けており、そこが緊張感マックスでしたが、四回戦くらいから終わらない夏の大会に緊張感が心地よくなり、ある種ハイな状態でありつつ冷静でもあり、チーム全体が機能し、その中でプレーできたことが快感でした。緊張感と高揚感が一緒の体験はあのときが最後です。強い刺激でしたので、その後は何をしても淡々としています。私はかつて長いこと株式のディーラーを仕事としており、刺激的な体験は多々ありますが、求める高揚感までは達することがありませんでした。打ったあとは、2点あれば相手がダメージを受けたでしょうし、勝ちが近いと思いました。三塁側ベンチ上が、うねっているようで大騒ぎしてました」

最終回、駒大の攻撃も簡単に2アウトを取り、最後のバッターを見逃し三振でゲームセット。2対0で勝利した国立が史上初めて都立で甲子園に行く。国立のメンバーみんなが笑顔で喜び、市川忠男監督を胴上げした。

一回戦	2対0	武蔵村山	投球数123	被安打4	奪三振8	四死球1	失点0
二回戦	4対0	武蔵村山東	投球数128	被安打5	奪三振8	四死球0	失点0
三回戦	7対2	武蔵	投球数137	被安打7	奪三振2	四死球1	失点2
四回戦	4対0	錦城	投球数132	被安打3	奪三振6	四死球6	失点0
準々決勝	1対1	佼成学園	投球数205	被安打11	奪三振11	四死球3	失点1
再試合	6対3	佼成学園	投球数126	被安打10	奪三振12	四死球1	失点3
準決勝	2対0	堀越	投球数136	被安打5	奪三振6	四死球5	失点0
決勝	2対0	駒大	投球数128	被安打7	奪三振4	四死球3	失点0

8試合81イニング1115球、まるでギネスブックに認定されるほどの球数を投げ失点6、5完封、防御率0・67。市川の力が大きいのは誰の目にも明らかだが、四回戦のシード校錦城に勝ってからチームに勢いがついた。日替わりでヒーローが出て、エース市川への全幅の信頼ゆえにナインも邪念が過ることなく戦うことができた。非力な打線ながら好機にうまくランナーを進める打撃に徹し、敵のミスに乗じ果敢に攻めた。四番

の名取は3割5分1厘で安定。選んだ四球は計54で1試合6個以上。一番布施英一が7個、二番森川が9個で、こうして出塁し走者を適時打で還す攻めが身上で、二塁打15本というのも効果的だった。

やはり国立の守備陣の堅守が言うまでもなく光った。8試合で7失策。ショート岩村、ファーストの西尾はヒット性の当たりをことごとく好捕し、ピンチを救っている。激闘の延長18回の佼成学園戦も無失策で切り抜けているし、敵のスクイズを併殺に打ち取ったことも再三あった。ランナーが溜まってピンチになっても、打球がランナーに当たったり、強烈な当たりが野手の正面を突いたりと、あの夏、野球の神様が国立に勝たせたいと思ったのか、すべての運が味方したようだった。

閉会式が始まり、優勝旗授与のときだ。

「優勝、東京都立コクリツ高等学校」

3万の観衆から失笑がもれた。アナウンス嬢まで興奮し、つい間違えてしまったのだ。見事甲子園出場を決めた国立メンバーは、急遽朝日新聞社が用意してくれたマイクロバスで国立駅を目指して出発した。千駄ヶ谷から首都高に乗り、窓を見るとさっきまで戦っていた神宮球場が見える。少し陽が陰って照らされる神宮球場の外壁が妙に眩《まぶ》しく見えたのだった——。

午後５時に国立駅に降り立った選手たちは、駅から真っすぐに伸びる大学通り１キロあまりを凱旋パレード。沿道には約１万人の人が押し寄せ、国立の甲子園出場を祝った。準々決勝佼成学園の延長18回引き分けあたりから、周辺が騒がしくなった。各スポーツ新聞は、進学校国立の昭和五十五年の春の進路実績、東大33人、東工大23人、早稲田１４３人、慶應88人を大きく打ち出し、市川たちにアンケートをとる際にも得意科目と志望大学を明記するようになっていた。中には、身上調査として、成績、さらに父親の職業と出身校まで記載されるなど、〝文武両道〟をキャッチフレーズに、あらゆる角度から考察して記事を掲載しまくった。

今もそうだが、国立は私服で３年間同じクラス。当時はバイク通学も認められていて、授業中もいちいち出席を取らないため、科目によっては授業に出ない生徒がチラホラいた。それでも東京都トップ５以内に入る超進学校。

多摩地区だけではなく東京中が大騒ぎとなった国立甲子園決定は、各メディアが放っておかず、フジテレビのニュース『ＦＮＮニュースレポート６：30』で逸見《いつみ》政孝《まさたか》キャスター（故人）から生放送でキャプテンの名取が電話取材を受けたり、面白いところでは旺文社《おうぶんしゃ》の大学受験雑誌『高一時代』の取材を受けるなど、国立フィーバーは関東一円を駆け巡った。熱くなったのは、国立市と学校関係者。市が全面的バックアップを表明し、学校関係者、ＯＢたちが資金調達で駆け回り、集まったお金が６３００万円。よく言われるのが、名門校が甲子園に出ると、OBに地元の名士や企業家たちが名を連ねているため、1億2億は簡単に集まるという。

「八月一日から泊まりがけで海水浴に行く計画を立ててました。最後みんなで海に行って、勉強へと切り替えようとしてたんです。七月三十一日に決勝があるというのにキャンセルもせず、結局決勝が終わってからキャンセルしました」

名取は笑いながら言う。選手たちは、周囲が騒いでもどこ吹く風で、あとひとつ勝てば甲子園に行けることが他人事のように思えていた。別に冷めているわけでもなく、ただリアルに感じられなかったのだ。

「確か金沢高校の甲子園練習を見たときにスタンドにカンカン球を放り込んでいる。それを見て『こりゃ、バッティング練習をしてはいけないな』と思い、バント練習と投内連携、ノックだけをやりましたね」

名取は言葉を継いだ。

国立が甲子園に来てもフィーバーは収まらず、マスコミはどっと宿舎に押し寄せる。

「新聞や週刊誌には、参考書を持って甲子園の宿舎で勉強しているような記事が書かれてましたけど、そんなやつひとりもいませんでしたよ。野球をやりに行っているんですから」

現に、国立の選手は誰ひとりとして参考書や教科書を持ってきてはおらず、部屋の中でトランプをして遊んでいた。それでもスポーツ新聞は、進学校ということで〝お供は教科書と参考書〟と、よりキャッチーに見出しを付ける。過剰な部分は多少あるもののすべて好意的な報道ゆえ、選手たちはマスコミに対し嫌悪感を持つことはなかった。

宿舎の「ホテル芦屋清風荘」は、かつて〝怪物〟と謳われた江川卓（元巨人）がいた作新学院が定宿にしており、作新時代の江川の写真が飾られていた。

「おい、見ろよ。この池、『ドカベン』に出てたよな」

「土佐丸の前でこれみよがしに岩鬼が素振りしていた池だよ」

国立のメンバーは、ホテル芦屋の庭にある池を見て、高校野球漫画の金字塔『ドカベン』の明訓高校が泊まっていたホテルの庭とそっくりなことに気付く。ちなみにそのホテルの名も「ホテル芦屋」だった。漫画家の水島新司が作新時代の江川卓に同行しているときに、宿泊していたホテル芦屋をモチーフに『ドカベン』に取り入れたのだった。

大阪市中之島の新朝日ビル、フェスティバルホールで抽選会が行われ、西ブロックの抽選はすでに終わり、壇上のボードに校名が掲げられている。キャプテンの名取は高知商、高松商、箕島の強豪校の試合日を頭の中に入れてクジを引いた。

「第一日目、第三試合A」とアナウンスされ、会場がどっと沸いた。相手は、箕島。昨年春夏連覇した強豪と、まさか第一試合で当たるとは……。

「名取、やってくれたなぁ」

「やっぱり、名取だよ」

「誰だ誰だ、箕島を引いたのは！」

メンバーは名取のクジ運の悪さを冗談まじりになじった。会場は、あの箕島と今大会異色の出場校で注目度抜群の国立が対決するとあって、異様なざわめきがしばらく続いている状態だった。

そして、甲子園開会式。当時の甲子園は入場行進の待機場所がライト側の球場の外だった。この年は南からの順番で入場するため、横浜、国立、早稲田実業といった順番で待機していた。横浜には超高校級投手の愛甲猛《あいこうたけし》（元ロッテ）がおり、早稲田実業には一年生の荒木大輔（元ヤクルト）がいた。マスコミに騒がれている国立を他校も注目する。横浜には八王子出身の選手が何人かいたため親近感が湧き、自然と会話が始まる。

「このスパイク、どうやったらこんなピカピカに磨けるんだ？」

「おい、エナメル知らねえのかよ！」

国立はエナメルのスパイクがあることを知らなかった。

「なあ、おまえたちみんなピッチャーなのかよ!?」

横浜のメンバーが国立のスパイクを見て驚く。国立の全選手がスパイクの先にＰ革（つま先部分を保護・補強するもの。Ｐはピッチャーを指す）を付けていたのだ。ユニフォームにしても、横浜も早稲田実業もメッシュだったのに、国立は綿のユニフォーム。早稲田実業は、そんな国立の選手を見ながら「俺たちだって頭いいんだけどな」と呟く。ちなみにこのときの国立のヘルメットはKマークがなく、ただの黒いヘルメットだった。

全国クラスの選手たちは互いに顔見知りであり、ところどころで声をかけ合っている。これから14日間の甲子園大会が始まる直前の緊張高まる喧噪《けんそう》だ。

一年夏に出場している横浜キャプテンの愛甲は場慣れしており、隣りにいる名取にあれこれと教えている。

「なんだ、（国学院）久我山も大したことねえよな」

愛甲の自分たちが一番だと自負する発言でもあった。現にこの大会の優勝校は、愛甲のいる横浜高校だった。

念願の甲子園で箕島との試合が始まった。

初回、箕島攻撃、先頭打者の児島保成が1球も振らずに三球三振。このとき甲子園のマンモススタンドはまるで国立が優勝したかのような歓声を上げる。初回は6球足らずで終える。

そして4回まで0対0。

「おいおい、勝っちゃうぞ、これ」

国立ナインたちはドギマギしながら呟く。

しかし、箕島がこれで終わるわけがない。5回に2点、6回に1点を加える。

「6回の四番のホームランで終わったって感じです。西東京大会では決め球を打たれた記憶がなかった。初めて決め球を打たれ全国のすごさを感じた瞬間でもありました」

市川の口惜しさを感じさせる言葉でもあった。

5回には国立がトリックプレーを見せる。箕島の先頭打者が2ベースを打ち、ショートとセカンドがセカンドベースに交互に入り、ピッチャーの市川はランナーを気にせずキャッチャーの川幡の牽制のサインを見て、すぐさま二塁を牽制しアウトにした。公式戦、練習試合で一度も成功しなかったプレーが大舞台で見事決まったのだ。

結局、5対0で初戦敗退。国立は善戦した。

日本中を興奮の渦に巻き込んだ国立の夏は、二週間あまりで終わった。

レギュラーと補欠の壁

37年前という年月以上の壁があることを知らなかった。一九八〇年伝説の国立メンバー全員に話を聞くために、一人ひとり足を運んでいくうちに境界線があることに気がついた。それはわかっていたつもりだったが、37年前ということで曖昧にしていたのかもしれない。

甲子園箕島戦スターティングメンバーは、

一番　セカンド　布施英一（二年）
二番　レフト　森川　純
三番　ショート　岩村太郎
四番　ライト　名取光広
五番　キャッチャー　川幡卓也
六番　ピッチャー　市川武史
七番　ファースト　西尾　裕
八番　センター　関　洋二（二年）
九番　サード　有本　忍（二年）

若干の打順の変更はあるものの、西東京大会四回戦錦城戦からこのスターティングメンバーで固定された。市川忠男監督によるバッティングよりも守備力を重視した布陣。セカンドの村松一樹とセンターの浅川岳夫は大会中にレギュラーから外された。高校野球ではよく起こりうることだが、まさか自分たちのチームが甲子園に行くとは夢にも思わず、事象が想像以上に膨らみ伝説化していくことで、新たな苦しみが生まれるとは露程も思わなかった。

「小学校のときに日野リトルに入って硬式でやっていました。中学校は普通の軟式でしたが、甲子園に行くレベルを小中で見ていたので、高校では野球をやるつもりはありませんでした」

村松は、驕《おご》ることなく謙虚に話す。

国立に入学し、クラスの席の隣りのやつに話しかけた。

「おい、部活どこにするか決めた？」

「うん、野球部だよ」

「へえ、野球やってたんだ！」

「いや、中学のときはテニス部だったよ」

そういうノリで野球部に入るんだったら、小学校はリトルで中学校は軟式でやった俺でも引け目なく野球をやれるな。隣りにいたやつのおかげで、村松は野球部に入ることを決意する。

「甲子園では、あの強豪箕島に負けはしたものの最後まで苦しめ、ある意味達成感がある敗北の中で、みんなは泣くこともなく満足げだったですけど、私は自分が何もできなかったもどかしさと悔しさで浅川と一緒に泣いた記憶があります」

村松の高校野球は〝悔恨〟の一言に尽きる。

「実は、高校一年の夏にイップスにかかってしまったんです。でも、その当時はそんな言葉なんてないですから、スローイングが悪い、送球難だと言われ、自分もそう思っていました。ひどいときは下に叩き付けていましたから」

入学してセカンドの守備についてノックを受けるが、ファーストの三年生の先輩は胸に投げた球しか捕らないなど、一年生にとってはビビリものである。あるときはノックを受けバックホームの際にボールが逸れて、羽村コーチのほうに向かったものだから「おい、前に出ろ！」と、さらにノックの嵐が始まるなど、送球に対し恐怖の念を抱くようになったのだ。

「誰かのせいではありませんが、精神的に弱かったんでしょうね。でもイップスだと原因がわかっていれば対処できたんですが、何もわかんないですから。三年夏の大会四回戦の錦城戦でプチッと分断されましたね。そこからは、嫉妬の塊、コンプレックスの塊です」

三回戦まで送球さえ上手くなればなんとかなると思っていたのが、四回戦の錦城戦で今までレギュラーだったのが手の届かないステージになってしまった。嫉妬とは、敵わないと認めたときから生まれる。そこからレギュラー組は嫉妬の対象となった。どこかで冷めている自分がいて、気持ちが入ってこない。

「割り切れず、ずるずる引きずって勉強も手につかず3年間浪人して……。なんできちんとボールが投げられなかったんだろうか。なんで甲子園に行ったのにあの輪の中に入れなかったんだろうか、ずっとモヤモヤしてました。不完全燃焼で終わった高校3年間と、ずっと情けない、モヤモヤした三浪時代、人間としてどうなんだろう、終わったな……と思っていましたから。だから日産に採用してもらったときはトコトン尽くそう、絶対に頑張ろうと思ってここまできました」

三浪して早稲田に入ってもモラトリアム期を脱出できず、日産に入ってやっと社会復帰できた。村松は現在、帯広日産自動車株式会社の代表取締役社長である。

背番号10をつけ、夏の予選、甲子園を通じて一度も出場機会がなかったのが、レフトの守本祐司。中学時代はテニス部に所属し野球経験なし。村松が入学時にクラスの席の隣りにいたのが守本だった。

「高校に入ったら何か新しいことにチャレンジしたかったという思いと、進学校の国立であれば野球未経験者でもなんとかなるだろうと安易な気持ちで入部しました」

防衛医科大学の准教授らしく気品溢れる語り口調の守本は終始優しい笑みに溢れていた。

「高校一年の厳しい練習に耐え、秋にレギュラーになったんです。そこで〝俺ってできるんだ〟と慢心してしまったんです。冬の練習を怠り、高校二年の夏には森川に抜かれてレギュラーを取られました。そこからレギュラー奪取という強い気持ちはなかったですね。ある程度、みんなと辛い練習を共有することで満足してしまう感じでしたね。ヨコシマな考えですが、甲子園に行けるとわかっていたら、もっと真剣に練習していたでしょうね（笑）」

守本はリップサービスも挟みながら、さらに続ける。

「高校野球を通じて学んだことは、怠惰な部分に起因する自分に対する甘えは、自分に跳ね返ってくるということです。それを強く感じ、とにかく根を詰めて真剣にやるときには真剣にやらないと取り残される、ということは今でも戒めております」

甲子園で村松と一緒に泣いた浅川岳夫は、野球部一の変わり者だった。夏は麦わら帽子を被って、グラウンドの草むしりをしている姿はどう見てもどこかの変なおじさん。180センチはある浅川は一見すると気難しそうに見えなくもないが、真摯に対応して淡々と丁寧に話してくれた。

「高校二年の秋はかなり手応えを感じ、本気で選抜を狙っていましたね。練習は口で言うよりノックで示し、エラーすればノック、ただ猛烈にノックをやらされた記憶があります。一回戦の都立武蔵村山で３タコ（三打数無安打）で、次の試合から先発を外されました。代わった関も打ってないでしょ。あんときは『なんで出さないんだよ！』と思いましたけど、まあそういうこともあります。チャンスがあれば出られると思っていましたから、準備はしてました。実際、代打で出ていましたので、出られるチャンスがあれば一生懸命やるだけでした。四回戦錦城に勝ち始めてから固定になったんですよね。チームとしてはそれでいいんです」

チームメイトの誰もが言うのは、勉強が一番できたのは浅川。高校一年で『大学への数学』を読んでおり、授業中は寝てるのか寝てないのかわからないがうつ伏せになっていたり、とにかくちょっとおかしなやつだった。

「得意な数学と理科しか一生懸命やりませんでした。高校の数学はちゃちゃっと終わったので『大学への数学』でも勉強しておこうかなと思って、電車の中でそれを読んでいましたね。あとから聞いたんですが、入学して最初の定期テストで1位だったって話です」

国立の野球部は10人中4人が東大だが、現役で東大に受かったのは浅川ただひとり。現在は、富士通でスーパーコンピューターを開発するエンジニアである。

「高三の十月頃には、一日14時間は勉強していましたね」

サラリと嫌味もなく言ってのけるのが、天才の証拠なのかもしれない。

ピッチャーの市川武史はクレバーなピッチング同様、成績も良くクラスで5番以内だった。

今でもおとぼけキャラの川幡が高校時代のネタとして言うのが、クラスの中で成績が47人中44番だったこと。

「クラスの順位って基本教えてもらえないんですけど、下のほうは教えてもらえるんですよね。『おまえしっかり勉強しないとダメだぞ』って（笑）。高二の二学期の期末テストで武史とチェリオ1本を賭けてハンデありの勝負をして3点差じゃなかったかなあ。一週間前に集中して勉強して3点差の負け。俺もやればできるんだと思いましたね」

結局一浪の末、市川は東大理Ⅰに、川幡も東大理Ⅱに合格。川幡はもともと能天気なキャラクターなため、成績ネタでチームメイトからイジられたりしたが、実は市川だけが川幡のポテンシャルを認めていた。浪人時代、駿台予備校に一緒に通うこともあり、川幡がメキメキ成績を上げていく様を見て、現役で一橋大学に通っていた名取に「やばい、川幡に負けるかもしれない……」と話している。

二人は東大でもバッテリーを組み、高校大学時代と市川は川幡のサインにほとんど首を振らなかった。川幡は市川の恋女房として計7年間一緒に過ごし、酸いも甘いも嚙《か》み分けている。

「本当にあのときは異常でした。甲子園が終わってからでも受験の取材がありましたから。合格発表のときでもマスコミが一緒についてきて、胴上げ写真を撮られた記憶があります。今では考えられないですよね」

市川に浪人時代の質問をした流れで、川幡についての思いを尋ねたがうまくはぐらかされてしまった。やっぱりバッテリーにしか立ち入れない世界があるんだなとつくづく感じた。

今から37年前の夏、〝甲子園〟という大看板のおかげで国立は異常に持ち上げられた。東京の進学校だからということで過剰報道され、メンバー全員の志望校がほぼ東大という秀才軍団に祭り上げられた。実際、秀才軍団だったのだが、甲子園と勉強といった二律背反するものを同居させようとすること自体に無理があった。

取材をしていても、本気で甲子園を狙う文武両道の現役選手たちのほぼ9割5分が、一日30分勉強すればいいほうで、まずガリ勉はやらない。甲子園を目指して本気で練習するのだから、2時間なら2時間、クタクタになるまで目一杯練習する。いくら若い肉体だからといって、その肉体を疲弊させるほどの練習を課すのだから勉強どころではない。

短時間で効率の良い練習方法を謳うことが、いかにも〝文武両道〟の代名詞になっている。進学校の限られた環境の中での効率化がすごいと喧伝《けんでん》するかのように活字媒体が煽り、高校野球において〝文武両道〟の高校こそ最高峰だと洗脳しているような気がしてならない。理論や科学で野球をやるのではない。人間が感情を持ってやるのが野球だ。

勉強ができるのが偉いのではなく、明確な目標を持つ十代の子どもたちが情熱を抱いて野球をやり、また他のことにも没頭する気概を有していることがすごいのだ。

東大京大を目指しつつ、スポーツができるのが文武両道というのであるならば、中堅大学にしか行かないが進学率は高く、スポーツも盛んな学校は文武両道ではないのか。それは絶対におかしい。

国立のメンバーは10人のうち4人が東大へ行き、その他は一橋、防衛医大、日本医科大、横浜国大、北海道大、早稲田と世間一般が認める難関大学へ進学し、6人が大学でも野球を続けた。

「あれだけ高校時代、きつい練習をして辛くてもう野球はいいやと思っても、大学でもまた野球をやるっていうことが市川監督、羽村コーチの指導の賜物《たまもの》だと思います。野球を嫌いにさせない指導者なんですよ」

浅川がしみじみ語った言葉がすべてを物語っている。

その後、彼らは高校、大学時代に描いた道をそれぞれが真っすぐに貫いて歩いている。見栄や自慢するための人生を生きていない。

村松がこう言った。

「毎年、武史が幹事の新年会でみんなに笑顔で話せるように、一年一年頑張っているんです」

レギュラーを外された思いで嫉妬していたみんなに胸を張って逢《あ》いたい。だから村松は高校3年間の心残りと浪人3年間の悔いを挽回する思いで、日産に入って頑張り、日産の販売会社の社長になった。

そして、こうも言った。

「高校野球において、本当に〝やったー〟と心から言えるやつって何人いるんだろう。非常に残酷であり、またいろいろ学べるのが高校野球なんだけど……」

レギュラーと補欠との間に、見えない壁があるのはどのスポーツでも一緒。だからといって、レギュラーたちが確約された人生を送っているとは限らない。コンプレックスをバネにして、それをエネルギーに代えて頑張れるのが補欠。実は国立のメンバー10人の中で取材拒否の方がひとりいた。その彼は夏の大会までベンチ入りしていたが、甲子園メンバーにおいて三年生で唯一外された。どうしても話が聞きたいと再三お願いはしたものの、丁寧な文面でお断りの書状がきた。

他のメンバーの取材の際に、甲子園メンバーで三年生がひとりだけ外されたことについて尋ねると、「監督に対し憤りを感じました」、「どうしていいかわからず、やはり距離を置いた記憶があります」、「可哀想だと思いましたが、自分も余裕がなかったのも正直なところです」、「そういうことがあった甲子園大会については、今でも客観視していますす」と答える人もいれば、「もっと自分に何かできたのではないかと思うことがあります」、「そうなんですよね……」と言葉を詰まらせる者もいた。ドラマのように仲間が全員で労《いたわ》りあってみんなで涙することなんか実際にない。甲子園に出場したからといって、みんながみんな絶頂の幸せを味わっているわけではない。一番絶頂気分を味わうのは、学校関係者といった大人だけなのかもしれない。苦い思い出として心の中にしまっておきたいことを、いくらマスコミだろうと抉《こ》じ開ける権利は誰にもないのだ。

その彼は、一浪して東大に入り、ＭＢＡを取得し、大手企業で研究者として頑張っている。毎年の新年会にも参加し笑顔で仲間と酒を酌み交わしている。

メンバーは社会に出てから、〝あのときの国立出身〟とわかると一発で名前を覚えてもらえるため、処世術として国立の名を使うこともあった。紛れもない事実だから知られても堂々とすればいいのに、どこか戸惑いを感じる部分もあった。大切な思い出として心の中にしまっておきたいだけなのに、中には社会人という立場で〝国立〟を利用している自分になぜか苛立《いらだ》ちを覚えてしまうなど、各々の思いは時に複雑なこともあった。

〝あの国立の〟という枕詞《まくらことば》を付けて反応するのは、もはや四十代以上しかおらず、二十代はもちろん三十代も〝そうなんですか……〟と関心を寄せない。

あの夏から37年間が経った。思い出に浸るにはちょうどいい頃かもしれない。

「この10人は奇縁なのかもしれませんね」

市川が不意に呟いたように、10人のメンバーは複雑に絡み合っているようで実はシンプルに繫がっている。

あの夏の思いをもう自分たちだけで嚙み締められる。

時が価値を決める。

昭和五十五年（一九八〇年）の国立の伝説は、永遠に語り継がれるはずだ。

時代が変わろうとも、

いつまでも、そこに甲子園がある限り――。

国高
旋風

補講

大阪府立三国丘高等学校

自主自立
文武両道
切磋琢磨

大阪府立三国丘《みくにがおか》高校は、北野、茨木《いばらき》、天王寺《てんのうじ》に次ぐ進学校であり、一九八四年（昭和五十九年）に選抜甲子園に出場している。この頃は、桑田真澄（元巨人）と清原和博《きよはらかずひろ》（元西武）のKKコンビのPL学園が全盛期で、八三年から八五年までKKコンビが5季連続出場している中での出場とあって非常に注目された。監督の辻英生は三国丘OBであり、全国屈指の激戦区の大阪で一九九〇年夏の渋谷、九五年春の市岡以来の公立高の甲子園出場を目指して日夜練習に励んでいる。辻監督が考える、激戦区大阪を勝ち抜く野球とは……。

「僕はOBなんですけど、中学のときに運動が得意だったので、勉強ができるこの高校に入ったら運動では一番になれるかなと思ったら、運動神経のいい子がたくさんいたんです。ところがここ最近は中学時代に塾に行ってないと、この高校には受からない。僕は体育教師ですが、マット運動ひとつとってみても前転ができないとか、当たり前にできたことができなくなってきましたね。

僕が泉北《せんぼく》ニュータウンに引っ越してきた頃は、山につくし取りに行ったり、山登りをしたりとかして遊びましたが、今はもう全部住宅が建ってしまい、ほとんど山がなくなってしまいました。公園ひとつとってみても、球技が禁止になっており、子どもたちはどこで遊べばいいのか。大阪では空き地や公園が減ってきているし、クラブに入らないと練習できない。そのクラブも週一回しか練習しないんですよ。僕らのときみたいに毎日壁でボール投げという環境がなくなってきています。

大阪というとボーイズが盛んですが、名門のボーイズなんかは夜遅くまでナイター照明つけてやってるところもあり熱心なんですけど、うちの高校に来るような子はそういうところではやってないです。軟式でやってきた子が主流です。中学校の軟式野球でも熱心に見られている顧問の先生がいるところと、そうでないところとの差がありすぎて……。

僕もびっくりしたんですけど、ある選手が入部した当初、『外野やってました』と言うので、外野ノックしたら、いきなりおでこにガーンと当ててしまいフライを捕れないんです。『外野やってたんじゃないのか』って言うと、『顧問の先生は中学校で何も教えてくれなかった』と。練習といったらティーバッティングばっかりで、ノックをやってもらった記憶がないとか。

どこのチームも一緒だと思いますけど、格差がありますね。ＯＢにもよく言われるんですが、強くするんだったらできる子たちを中心に据えて練習し、フリーバッティングでもよく打てる子にたくさん打たせろと言いますが、せっかく公立に来て野球をやろうってなってるのに、チームを強くしたいからといって練習を分けることは将来的にも良くないと思い、同じ練習をできるだけさせています。大会前になったら、背番号をもらった子ともらえなかった子とでは練習に差をつけたりもしますが、できるだけ同じことを同じようにやらせるように心がけています。野球部は歴史が古く、創部112年なのでOB会もしっかりしていて、昔はああしろこうしろといろいろ言われたりしましたが、最近はあまりきつくないですね。

一九八四年春に三国丘が甲子園に行き、それから一九九五年春に市岡が行き、夏は一九九〇年の渋谷以来、全部私立です。21世紀枠ができたのでチャンスかなと思い、『秋だぞ、秋だぞ』とずっと言ってるんですけど、なかなかやっぱり力をつけることができなくて、二〇〇八年夏にベスト8までは行きましたけど、そこが精一杯ですね。

選手たちは、高校野球やるからには甲子園を目指すのが本当だろうと言って、一生懸命やっているんですけど、やっぱり私立の壁を感じています。ひとつは身体作りで差を感じます。今もすごく身体作りについては言っているんですけど、やはりパワー不足が否めない。

今はどこも、食トレとかをやりながら身体を大きくするトレーニングをしてると思うんですけど、私たちはどうしても小さいですね。一生懸命トレーニングするんですけど食べる量が少なかったり、終わってから塾に行ったりして、すぐに食べるってことができない。あとは睡眠時間が少ないんでしょう。寝ている間に成長ホルモンが出るよってことも言うんですけど、勉強しなきゃいけないので睡眠時間があまり取れない。朝練があるときは6時半からバッティング練習開始なので、6時には来て準備を始めなきゃいけない。そうすると遠いところの子だと始発に乗っても間に合わない。定時制があるんで、うちは練習時間にリミットがあって、17時半で終わりなんです。18時には完全下校です。

グラウンドは、火曜日と木曜日は野球とハンドボールが使う日、水曜と金曜日は陸上とサッカーが使える日と分けられているため、グラウンドを使えない日が週2回出てきます。ありがたいことに夏の大会前の六月になるとOB会がバックアップしてくれて、学校外の球場を貸してもらってるんです。そういう費用をOB会が負担してくれています。

限られた時間の中で練習するしんどさはありますが、頭の良い選手たちの良さもあります。僕がよくやらせるのは、いろんなレポートを出させることです。目標を書かせたり、秋の大会が終わった時点で、次の一冬を越えた春夏に向けて自分はなぜ背番号をもらえなかったのか、次どんな練習をしたいのか、負けた試合についてなぜ負けたのかとかを分析させてレポートを出させます。やっぱり書くことによって、自分の頭を整理して考えられるようになるんです。僕もああだこうだ練習のときにいろいろ言うんですけど、基本的にはそればっかりではダメだと思うので、自分たちで考えてやれと突き放す。今だとスマホを使って、動画で練習方法をいろいろ調べられるじゃないですか。そうやって自分で工夫していくことが上達に繋がるのかなあと思います。ある程度は型にはめてやらなきゃいけないとは思うんですけど、その段階が過ぎれば自分たちで考えていくということが大事だと思うんです。あとは座学的なミーティングで、バッティングドリルを作ったり、自己評価表があったり、自分のバッティングの特徴を知りなさいということでチェックポイント表を作ります。

判断力でいうと、実戦形式の練習をたくさんやって最近感じることは、判断できる子というのはそれなりの経験もしてきています。でも、例えばセカンドのランナーで、センターライナーが飛んだ瞬間に走って捕られてゲッツーになるような子も今どきは多い。

『なんであのときスタートした？』

『ヒットになると思いました』

『守備位置を見てた？』

『はい、あの打球がどこまで飛ぶかっていうのを考えて走りました』

実際は感覚が摑めてないんです。そういうのは実戦形式の練習でないとできないことで、ノックではできない。ノックでも実戦形式でランナーをつけたりもしますが、最終的には試合数をこなさないといけない。年間の試合数が40ちょっと、もうちょっと多いかな。全面を使える日が土日しかなく、どちらかを練習にあてるため試合数をこなせてないという部分があります。

大阪は強豪私立を3校倒さなきゃいけない。どうすればいいかというと、絶対的なエースがひとりいるけれども他のピッチャーと格差がある状態ではなく、同じようなレベルのピッチャーが例えば3人いたら、3イニングずつ投げて継投していけば負担が減ってくる。ピッチャーがひとりだとそのひとりに頼らなきゃいけなくなり、それでは夏はバテて大阪では勝ち抜けない。そういう意味でも、できるだけピッチャーをたくさん作ろうと思っています。

うちは時間もないので、ストレッチを各自家でやっときなさいという形でしかできない。最後に整理体操する時間を取っていたら、練習時間が限られてくる。アップもそこそこ。本来なら、アップも整理体操も90分くらい時間をかけてやりたいんですが、そうするとそれだけで練習が終わってしまいますから。

ちょうど浪商にいた牛島（元横浜監督）、香川（元南海。故人）の世代と一緒です。昭和五十四年の夏ですね。星稜対箕島の延長18回の世代です。あの試合のとき、東大にちょうど行ってたんですよ。東大野球部に三国丘出身のマネージャーがいて、電話がかかってきたんですよね。『一度、東大の練習に来ないか』って、それで夏休みにノコノコと東大に行って、東大の野球部の寮に泊めてもらいながらナイターで星稜と箕島の試合を見てました。人生の中で、高校野球にチャレンジすることはもうできないんだなぁと思いながら見てましたね。

かつては地方を羨ましく思ったことはありますが、今はどこの県にも甲子園で上位に行く強豪校がいてどこも強いですよ。地方で一番羨ましいなと思ったのが、公立のチームなのにバスを持っていること。バスに乗ってピャーッて来るんですよね。

こんなこと言ったらあれですけど、大阪府下の私立の学校と練習試合を組んでも、公式戦の大会で顔を合わせることを考えると、力を全部出し切れないんですよね。ピッチャーによく言うんですけど、『私立とやるときは、配球なんかも全部変えろ』って。向こうはビデオを回したりスピードガンで測ったり、すべてのデータを取られていますので。そういう意味で言うと、県外の高校とやるときは思いっきりできるんです。だからもっと外に武者修行しに行かなきゃいけないんでしょうけどね。

昔よく言われていたのが、PLが全盛期のとき、PLに勝って近畿大会に行ったチームが負けると、そのチームの監督さんが『PLのユニフォームを貸してくれたらなぁ』と。要はPLの名前で相手がびびってくれると。対戦するときの心持ちとして一番ダメなのは、気後れしてしまうこと。相手が強かったとしても工夫次第でそのときの運を味方につければ野球だから何が起こるかわからないですから。

勉強では負けないっていうことでやってきた子たちなので、負けず嫌いというのはあるんですが、世間知らずのところもあるので、実際いいピッチャーの球を見たときにうわーってなって無理じゃゃんと思ってしまう。はなから諦めてしまうのが一番嫌なので、もっとこうやってごらん、1球ずつ見てごらんとわかりやすく指示すると、『なんだ、案外大したことないんだ』となってくれる。

よく言うのは『頭を使え』。作戦面だけじゃなしに、自分をコントロールするのにメンタルトレーニングもあるけど、自分を良い状態に持っていくためにはものすごく頭を使って考えなきゃいけない。そういうことの飲み込みは早いですね。ただ悲しいかな、そういうことをする時間が取れていない。一時は、毎日深呼吸させてリラクゼーションからやってイメージ作りなんかもしていました。

とにかく経験が大事で、僕は練習試合でよくやるのは『おまえら、もう好きにしろ。俺がサイン出したっておまえらできないんだから、おまえらの好きにしろ』と言うと、最終回に7点差、8点差を引っくり返したりすることがあるんです。そういう経験があれば、『何が起こるかわからないんだから、絶対に最後まで諦めちゃいけない』と僕が言っても、経験値があるから最後まで頑張ろうっていう気になるんですけど、なかなかそういう経験はできない。時間の許す限り、選手たちに経験をさせたいというのが強い願いですね」

神戸大学時代にメンタルトレーニングに関心を持った辻監督は、選手たちにいかに平常心を保たせ、自分たちの頭で考えて野球をさせられるかに腐心し続けている。私立の壁の高さを今さら言っても始まらない。アメフト、バスケ、サッカーと違って、格段の差であっても野球は奇跡が起こるスポーツ。10回戦う中で、9回負けてもいいから残りの1回を公式戦で勝てるようにするには、何をすればいいのか。ＯＢたちの協力のもと、三国丘は自分たちを信じて邁進していくしかないのだ。

第6限　おわりに　沖縄県立那覇国際高等学校——東大／島袋祐奨

沖縄に来て早や11年が過ぎようとしている。

戸籍上は岐阜だが、父親が転勤族だったため、東京、静岡、愛知、神奈川と転々としたことから、自分をコスモポリタンだと思っている。そんな僕を人はクルクルパーだと言う。その通りだと思う。でもいい。ただのバカより、意志を持ったアホでいたい。

沖縄に来て良かったのは、生まれて初めて郷里というものの良さを知ることができたことだ。だから、僕にとって沖縄は第二の故郷だと思っている。あらためて沖縄に住んで感じたことは、地方の中でもある意味東京に最も近い地方、政治や経済の話題が尽きない地域、冬が意外と寒い、なんか毛深い、なんか緩い……、住んだからこそわかったことがたくさんある。

沖縄には、内地（本土）とは違う角度のさまざまな問題が山積している。基地問題に始まり、雇用、福祉、医療、教育などなど、切実な問題として行政と住民が毎日闘っている感じだ。

教育ひとつとってみても、文科省が小中学生を対象に行う全国学力テストでは最下位が指定席で、最下位を脱出したときはニュースになるほど、教育水準が低い県と思われている。原因のひとつに貧困率の高さが叫ばれ、貧困率と正解率は反比例しているとまで言われている。では、ウチナーンチュ（沖縄県出身者）はアホなのか。いや、違う。むしろ頭が良いとさえ思っている。理由は二つだ。

まずひとつ目。ウチナーンチュの面白さだ。独特のイントネーションから繰り広げる言葉の組み合わせはなんだか面白い。酒社会と言われる中で、飲み屋に行ってもオッサンたちが親父ギャグではなく、自虐的なネタをどんどん放り込んで笑わせてくれる。これは頭の回転が速くないとできない。一瞬、天然と思うこともあるが、天然と天才は紙一重。

二つ目。考える能力が長けていること。沖縄で飲食店なんかに行くと、よく感じるのが店員の気配りの足りなさ。内地と比べてしまうと、店員の行動がどうしても目についてしまう。でも、それは単に怠けているのではなく、しっかり教育されていないからだ。上は最低限のことだけを教えて、あとはほったらかしというのが多い。もし内地で同じような状況になったら間違いなくSNSで大炎上するような問題を引き起こすだろう。しかし沖縄の子はもともと、日常のいろいろな場面で上から教えられなくても自ら見よう見まねでやろうとする。つまり自ら考えて行動する能力があるということだ。だから、沖縄のサービス業は言うまでもなく、さまざまな業界で新入社員への指導、教育が徹底されればものすごい人材が生まれる可能性が大ということだ。

現在、沖縄の高校でトップと言われているのは、私立では昭和薬科、公立だと開邦《かいほう》の2校だ。毎年の東大合格者数は、それぞれ1から3名出るか出ないかといった感じで、毎年10人以上東大合格者が出る高校は皆無。しかし、甲子園常連校の興南や沖縄尚学といった私学特進クラスを作って徹底的な受験向けカリキュラムで難関大学に合格させるなど、各高校ともにレベルアップを図っている。

そんな中、那覇国際高校から一浪して東大文Ⅱに入った島袋《しまぶくろ》祐奨《ゆうすけ》が昨年11月に地元の新聞に載り、話題となった。東大に行っただけでは沖縄であろうと、そう簡単に新聞には載らない。実は、沖縄県人で初めて東大野球部員となったことで取りあげられたのだ。何事も初めての偉業は素晴らしい。

四年前から東大野球部は春季キャンプを沖縄でやっているが、実は東大野球部と沖縄は不思議な縁で繋がっているのだ。沖縄戦が始まる前の一九四五年一月三一日に着任した、沖縄県最後の官選知事の島田叡《あきら》は、甲子園大会の前身である全国中等学校優勝野球大会の第1回出場者でもあり、東大では俊足巧打の外野手で鳴らした野球部ＯＢでもあった。沖縄戦では、食料確保、住民疎開に尽力し、最後の最後まで住民に自分の食料を分け与えた島田知事は、東大時代は野球部のスターだった。そんな文武両道の鏡とも言える島田知事の魂が長い月日を経て呼び寄せたのか、やっと沖縄県人で初めての東大野球部員が誕生したというわけだ。

東大に取材を申し込むと、文京区にある東大球場に来てほしいと連絡が来た。プロ野球よりも歴史がある東京六大学で23区内に球場があるのは東大だけだ。さすがは日本最高峰の大学だ。

夕闇の迫った日曜日の夕方、約束の時間より早く来たため東大球場のバックネット裏のスタンドから練習を眺めていると、グラウンドいっぱい使って各々が個人練習をしている。ユニフォームと同じ薄いブルーを基調とした球場内に、「ＴＯＫＹＯ」のロゴが入ったグラコン（グラウンドコート）を着た選手があちこちにいる。

冬場のため個人の技術アップを図る練習がメイン。あの万年最下位の東大だからといってバカにしてはいけない。日が暮れてボールが見えなくなっても黙々と素振りをしたり、ポール間走をしたりと、選手たちは今春のリーグ戦での勝ち点2に向けて必死に練習している。極寒で底冷えする日だったが、熱気は伝わってきた。あたりがほぼ真っ暗になったところで、ハロゲンヒーターを片手に持った東大のグラコンを纏った島袋祐奨がやってきた。身長は１６６センチの小柄で、目がクリクリとした彫りの深い顔でなんとも言えない愛くるしさ。初々しいとはまさにこのことだ。

「遅くなってすいません」

丁寧にお辞儀をして挨拶を交わすと、僕らにハロゲンヒーターの熱がきちんと当たる

ように何度も設置し直す。細かい気配りがなんだか微笑《ほほえ》ましかった。そんな島袋を見たせいか、少しでも距離感を縮めたいと思い、

「島袋祐奨って名前は、あの春夏連覇のエース島袋洋奨《ようすけ》と一字違いですよね」と言うと、

「そうなんですけど、こっちでは言われたことないです。よっぽどの野球好きじゃないとわからないんじゃないですか」

偉大なるエースと比較され少し照れくさそうにする。まずは東大を目指した動機を聞くと、一瞬、間を置いてから口を開く。

「こんなこと書けないのかもしれないですが、東大を目指した理由は、まぁ見栄です。一番だからです」

丁寧な前置きをつけながら、ものすごくシンプルな理由をあけすけに話す島袋をいっぺんに好きになった。別に取材に慣れてないわけではなく、建前で答えようとすればいくらでもできたはずなのに、あえて本音で話してくれた心意気が嬉しかった。

「那覇国際高校に行っていたんですが、甲子園は雲の上でした。最高でもベスト16で、大体一回戦か二回戦負けです。それでも現役で東大に受かったら野球を続けようと思っていましたが、浪人中に一度野球熱が冷めてしまったんです。大学に入ったらバイト、サークルで楽しく過ごそうと思っていて、新歓（新入生歓迎コンパ）でアイスホッケー部が楽しそうだったんで入らせてもらいました。二カ月くらい練習させてもらったんで

すけど、成長したときの達成感がなんか野球とは違うと感じたんです。それで、もう一度野球をやりたいと思い、野球部の門を叩きました」

東大へ入ることを目標に、浪人中は起きている時間をほぼ勉強にあてていた。むしろ野球熱が冷めるほど勉強に没頭していたわけだ。

「僕が那覇国際に入る前には京大合格者もいたし、過去には東大合格者もいました。勉強をし始めてからは学年1位か2位で、先生から東大へ行けとは言われたことがありません。学校自体が別に東大を目指す学校ではないので」

那覇国際高といえば、那覇市おもろまちにある公立の進学校として進学実績もメキメキと上げている。学年1位の成績を誇っていても学校側は東大を勧めないところが面白い。生徒の自主性を尊重しているのか、それとも単にのんびりしているのかわからないが、首都圏の進学校とは色合いも風土も違う。

「現役で東大受けたときは、合格圏まで40点足りなくて福岡の駿台予備校に行って一浪しました。寮に入って、朝6時30分に起きて、9時から18時までの授業でそれから自習室にこもって勉強してました。風呂と寝る以外はずっと勉強してました」

現役時にセンター試験はまずまずだったが、二次試験で失敗し東大合格圏まで40点足りなかった。東大の入試においては、その40点を縮めるのは並大抵ではない。二次試験の配分が高い東大だけに、しっかり対策を練らなければ合格圏内に届かない。島袋は寝

TOKYO

食を忘れて猛烈に勉強した。

「沖縄にいたらどういう人生だったのかなと、つい最近まで考えたことがあります。東大を目指さずに最初から琉球大学に入っていたら、志望校を落としたんだとも言われもしなかったんだろうなと。好きな友だちとも常に会えて、家族とも一緒にいて、どういう人生を歩んでいるんだろうとよく考えてました」

閉鎖的な地方にいる人間が進学等で上京すると、生まれ育った場所でずっといたらどうなっていたんだろうと、たられればで考えることが一度や二度あるもの。ただ、内地の地方から上京するのと、沖縄から上京するのとでは少々意味合いが違う。沖縄は県外へ出るにはまず飛行機しかない。陸続きの内地だと新幹線や自動車という交通手段もあるが、沖縄は飛行機または船しかない。県境というものがないため内地へ行くには感覚的にはやっぱり遠いのだ。だからこそ郷里を思う気持ちもそれだけ強い。

「別にみんながみんな県外へ出ることがいいとは思わないです。沖縄には沖縄の幸せがあるので、どっちかといえば沖縄のほうが楽しいと思っているくらいです。向こうにいる友だちはつまんないって言ってますけど、僕が沖縄にいたら絶対に楽しめると思うので」

まだ東京へ出て一年足らず。学校と部活に追われてまったく遊んでいないという。そのせいか都会の楽しさを全然知らない純朴の青年が思う切なる気持ちに聞こえた。

「野球部に入っても最初はまだ遊びたいと思ってましたけど、最近はそんな思いもなくなりました。東大といえどもやっぱり六大学だけあってレベルが高くて厳しいです。でも、仲間と一緒に切磋琢磨する中にも楽しさも味わえ、さらに高いレベルの野球もできるというのが醍醐味です」

野球部に入って本当に良かったという思いがひしひしと伝わる。

浪人中に野球熱が冷めた島袋は大学に入ったら思い切り遊ぶぞとバラ色のキャンパスライフを思い浮かべてアイスホッケー部に入った。新歓にも参加し、楽しかった。でも、なんか違う。友だちとくっちゃべって、酒飲んでワイワイして楽しいことは楽しいが、すべてが刹那的に思え、充足感が得られないことに気づく。この四年間を無駄に過ごさないためには、どうしたらいいのかを模索した。文武両道で頑張ってきた選手の特徴は、目の前のことを一つひとつ集中してこなしていった成功体験があるため、大学四年間を有意義に過ごすには一番に何を優先するかという考えに行きつき行動する。大人でも見習うべきところだ。

島袋には、ひとつの夢がある。小中の同級生で興南2年時にエースとして夏の甲子園に出た立教の川満大翔《かわみつひろと》と神宮で対戦することだ。

「あいつが甲子園に出たときに、僕は周りに『東大に行きたい』って言っていたんです。小中の同級生が、ひょっとしたら神宮で対戦するかもよ、って話してくれてたので、ちゃんと実現できるように頑張るだけです」

ハロゲンヒーターのオレンジ色の明かりに反射してか、キラッキラッとした瞳を余計に輝かせながら自信を持って話す島袋を見て、なんだか少しかっこよく見えた。

きっとできるぱ！　チバリヨー、島袋祐奨!!


今回もいろいろな方に助けてもらった。各高校の監督、部長の方々、ＯＢの方々、そして貴重なスコアブックや資料を提供していただいた国立ＯＢの野球部元マネージャーの久保知子さん、この場を借りて感謝の意を表したい。さらに、ずっと伴走していただいた集英社の田島悠編集者がいなかったら、この文庫本はできていなかった。みなさんに感謝の気持ちを届けたい。

田中健志、花木保成、伊藤隆、村橋政彦、星野広規、山本信裕、長見勝弘、後藤秀樹。そして伊藤道尚……ありがとう、また会おう。

“For Beautiful Human Life”

二〇二〇年三月一三日

松永多佳倫

参考文献

「月刊現代」　２００８年２月号、２００９年１月号
「文学界」　２００６年６月号
『終わらない夏』　監修・矢崎良一　日刊スポーツ出版社　２０１０年
『甲子園を目指せ！　進学校野球部の飽くなき挑戦』　タイムリー編集部編　辰巳出版　２０１６年
『背番号の消えた人生』　近藤唯之　新潮文庫　１９８５年
『教育を経済学で考える』　小塩隆士　日本評論社　２００３年
『甲子園の心を求めて』　佐藤道輔　報知新聞社　１９７９年
『新たなる聖地』　竹書房　２００７年
『神奈川の覇権を奪え！』　大利実　日刊スポーツ出版社　２０１４年
『補欠廃止論』　セルジオ越後　ポプラ新書　２０１６年
「週刊東洋経済」　２０１６年10月15日号
「週刊エコノミスト」　２０１３年２月12日号、８月６日号、２０１６年２月23日号、８月６日号
「週刊朝日」　２００７年７月15日号　２０１４年４月11日増大号、２０１５年４月17日増大号、
２０１６年４月22日増大号
「文藝春秋」　２０１０年10月号
「Number」　１９８８年８月20日号、１９９２年10月５日号
「週刊ベースボール」　２０１６年２月１日号、５月９日号、６月６日号、６月13日号、
７月４日号、７月25日号

「ベースボール・クリニック」　２０１６年10月号
「ＦＲＩＤＡＹ」　２０１６年５月６日号、８月５日号
「週刊大衆」　２０１６年５月30日号
「週刊ポスト」　２０１６年４月29日号、５月27日号
「週刊現代」　２０１６年４月30日号
「サンデー毎日」　２０１６年７月10日号、９月18日号
「週刊新潮」　２０１５年７月28日号、11月５日号
「週刊文春」　２０１６年５月12日号
「大学野球　２０１６秋季リーグ戦展望号」
「野球小僧」　２００７年８月号

解　説

板　東　英　二

私は野球が好きではなかった。

特に高校時代の私は、野球をやらされているという意識だった。たとえ、甲子園の優勝投手になった後でも、その気持ちは変わらなかった。

高校時代の夢は教師になることだったため、ギリギリまで大学進学を目指してはいた。だが、最高学府である東京大学を目指す、憧れるということはなかった。

本書では、東京都、神奈川県、大阪府、愛知県、北海道といった大都市圏の伝統ある公立進学校六校の野球部を扱っている。最激戦学区での野球の指導法や、東大に入学するような生徒を輩出する育成法に迫り、検証していく。その地域の進学校で、甲子園の出場経験がある、もしくは出場まであと一歩の高校をターゲットにしている本書の狙いは興味深い。

ただ、一読した最初の感想を正直に述べれば、本書に登場する甲子園出場も東大進学もどちらも目指す球児たちというのは、たまたま東大へ入学するような生徒が集まる高校に入学し、たまたま野球をやっていただけなのだろうと感じた。

他のスポーツにも言えることだが、野球はいくら練習しても、それだけで甲子園に出られる、後々プロ球団に入団できるという訳ではない。駄馬がサラブレッドに勝てないのと同じだ。大げさに言えば、素質がすべてを決める世界とも言える。

そんな中で、野球でも学業でも成功を収めようというのは、とても難しいことだ。目標を甲子園に出場することにするのか、東京大学に入学することにするのか。いずれにしても、人は目標を持つことで苦しいことにも耐えられる。本書に登場する、どちらも目標にし続けた高校球児たちには素直に感服した。

東京大学出身初のプロ野球選手として大洋ホエールズに入団した新治伸治《にいはりしんじ》に続いて、東大出身第二号のプロ野球選手に井手峻《いでたかし》という選手がいた。現在、東大野球部監督でもある。

東大在籍時代から活躍をしていた井手が、プロ野球に進むかもしれないと話題になっていたため、密《ひそ》かに注目をしていた。井手が中日ドラゴンズに入団するための契約を結ぶために、球団事務所に来ていたときに、偶然私も契約更改で事務所を訪れていた。私も当時中日に入団して、八年目のプロ野球選手だった。その時に、井手が私を見つけ、わざわざ挨拶にきてくれた。私は彼に注目していたし、ある種の憧れを抱いていたので、井手を自宅に招き、食事をごちそうしながら、色々な話を聞いた。井手は東京大学の理系の学部出身だったので、バットの素材について、打球の飛び方についてなど、とても熱心に、科学的に追求しているなと感じたのを今でも覚えている。

最近でも、本書第1限の神奈川県立湘南高校から東京大学法学部に進み、二〇一七年日本ハムファイターズにドラフト七位で入団した宮台康平のように、学業でも野球でも成功した選手もいるが、その数は決して多くはない。

私は、とても貧乏な家庭で育った。

ただ、とても活発で、毎日ランニング一枚で、野山を走りまわるような幼少期を過ごした。初めて運動靴を履いたのは中学校に入ってからだった。私が通っていた中学校では、野球部員が足りなかったので、ある日急に監督から声をかけられ、中学三年の時に、無理やりライトを守らされた。遊びでは野球を楽しんでいたが、競技として初めて野球をしたのはその時であると記憶している。意外とうまく守れていたようで、内野も守れ、そのうちピッチャーもやれと言われた。訳も分からず投げていただけだったが、素質があったようで、あれよあれよと一回も負けずに、いつの間にか徳島県大会で優勝したのだった。

中学時代に私が投げた試合では、結局一度も負けなかった。

それでも、高校へ進学できないような家庭状況だったので、中学卒業後、すぐに就職する予定だった。ただ、中学時代の活躍に目をつけてくれた徳島商業高校から、高校でも野球をやらないか？　と声をかけられた。

当時は、まだ推薦制度が整っていなかったこともあり、徳島商業高校の前に他の高校から声をかけられることもなかったので、話を聞いた時にはとても驚いた。結局、私がいない場で、父が学校側と交渉を進めて、学費は免除、下宿代も不要という最大限の扱いを受けられることが決まり、入学する流れになったのだった。

徳島商業高校に入学し、クラスでは副級長。でも、高校一年の中間テストでは、確か五十一人中の四十七番だったかと記憶している。なぜなら、商業高校向けの勉強をして入学したわけではないので、算盤《そろばん》を初めて触ったのが、高校に入学してからだった。もちろん試験もほとんど零点に近かった。

私は高校時代、退部届を提出している。野球を辞めたいと思っていたのだ。

高校一年生の時に、球児たちの夢である甲子園出場も経験したが、その当時、本当に野球が嫌いだった。大学に進んで勉強をしたい気持ちを持ち始めていたのだ。だが、野球部の練習は、平日は毎日授業が終わる午後三時半から午後十一時まで。自宅で勉強をする時間はなかなか確保できなかった。今ではあり得ないことかもしれないが、当時は深夜まで練習することが当たり前だったのだ。

そうなると、どんどん野球が嫌になっていく。

高校二年生の終わりには、キャプテンに抜擢《ばってき》された。だけど、その頃には野球部を辞めることさえも考えだしていた。このままだと、勉強もできず、大学にも行けず、目指していた教師にもなれないと感じ始めていたからだ。

当時、本気で大学進学を考えていたので、受験に必要な国語と数学は授業中に頑張って勉強していた。ただそれ以外の科目は捨ててしまっているような状態で、練習が相当厳しかったので、授業中についつい寝てしまう。そうすると、練習に出て監督に怒られる。「そこに立っとけ」と言われ、水も飲ませてもらえず、朝から夕方五時まで立たされる。その苦しみから逃げたい一心で、また好きではない野球の練習を頑張る。その繰り返しだった。

野球を辞めたいと監督に伝えても、野球の腕を見込まれて入学した手前、野球部を辞めるということは学校も辞めるということやと言われ、野球部を辞めることを断念した。学校を辞めてしまえば、教師になることもできない。

本書を読んで感じたのは、登場する生徒たちは、野球の実力が全国トップレベルではないからこそ、楽しく野球が出来たんだろう、ということ。バカにしているわけではなく、私もそういった環境で野球がしたかった。私は本当に大学に進学したかったのだ。

多分高校生当時の私が対戦したら、どの学校にも勝っていたと思う。だけど、彼らは、野球が好きでやっている。そんな中、東京大学も目指す。何かを「好きだ」というのは何よりもいいことだと思う。素直にうらやましいと感じた。

私がプロ野球の世界に入った後に、東京六大学野球の試合を観《み》に行ったことがあった。その時に、試合を観ていて、正直なんて下手くそなんだと感じた。学校の成績さえ良ければ、勉強さえ出来れば、私も東大に入ってもっと活躍できたのに、という居ても立っても居られないような気持ちになったのだ。

東京大学に通う生徒と、ただ高校を卒業した生徒は根本的に違うだろう。

私としては、東京大学に入って、勉強をして、そのうえで野球もできるというのはとてもいいことだと思う。

高校野球というのは、ある種、勝ったチームだけがすごいという訳ではない。甲子園に出るまでにどれだけ努力をしてきたか、そして、出場してどれだけの思い出を持って帰ることができたか、こっちの方が高校球児たちには大事だ。

第5限の国立高校野球部の章で著者が書いている「高校野球は甲子園がすべてと思われているが、それだけではない。甲子園に出場することも大事だが、甲子園を目指す過程が重要なのだ」という言葉には、とても共感を抱く。十代の子どもたちが明確な目標を持って、情熱を抱いて野球をする。これが最も重要なことなのだ。
甲子園に出場することが大事な訳ではなく、甲子園を目指すという過程が大事。甲子園に行けるかもしれない、東大に入学することができるかもしれない、それだけの素質を持って、さらに努力を続ける。本書に登場した高校球児たちの真《ま》っ直《す》ぐな姿を読み、すがすがしい気持ちになった。

（ばんどう・えいじ　タレント／元プロ野球選手）

本文中に登場する人物や団体の名称・肩書き等は原則として執筆当時のものです。

本書は、二〇一七年三月、書き下ろし単行本として竹書房より刊行されたものに、加筆・修正しました。

写真撮影　著者

松永多佳倫の本

沖縄を変えた男

栽弘義――高校野球に捧げた生涯

沖縄水産高校を率い、夏の甲子園で2年連続準優勝を果たした、一切の妥協を許さぬ名将・栽弘義。成功の裏に隠された命を削るほどの重圧と孤独に迫るノンフィクション。

松永多佳倫の本

偏差値70からの甲子園

僕たちは野球も学業も頂点を目指す

一昨夏、100回記念大会が開催された甲子園。本作では、毎年東京大学合格者を輩出する公立強豪校6校に絞り、丹念に取材。強豪私立校に負けない、知られざる指導・練習法に迫る。

集英社文庫

集英社文庫　目録（日本文学）

益田ミリ　夜空の下で
益田ミリ　泣き虫チエ子さん　愛情編
益田ミリ　泣き虫チエ子さん　旅情編
枡野浩一　ショートソング
枡野浩一　石川くん
枡野浩一　淋しいのはお前だけじゃな
枡野浩一　僕は運動おんち
又吉直樹／堀本裕樹　芸人と俳人
町山智浩　アメリカは今日もステロイドを打つ　USAスポーツ狂騒曲
町山智浩　トラウマ映画館
町山智浩　トラウマ恋愛映画入門
町山智浩　最も危険なアメリカ映画
松井今朝子　非道、行ずべからず
松井今朝子　家、家にあらず
松井今朝子　道絶えずば、また
松井今朝子　壺中の回廊

松井今朝子　師父の遺言
松浦弥太郎　本業失格
松浦弥太郎　くちぶえサンドイッチ　松浦弥太郎随筆集
松浦弥太郎　最低で最高の本屋
松浦弥太郎　場所はいつも旅先だった
松浦弥太郎　いつもの毎日。　衣食住と仕事
松浦弥太郎　日々の100
松浦弥太郎　松浦弥太郎の新しいお金術
松浦弥太郎　続・日々の100
松浦弥太郎　おいしいおにぎりが作れるならば。　「暮しの手帖」での日々を綴ったエッセイ集
松岡修造　テニスの王子様勝利学
フレディ松川　老後の大盲点
フレディ松川　ここまでわかった　ボケる人ボケない人
フレディ松川　好きなものを食べて長生きできる　長寿の新栄養学
フレディ松川　60歳でボケる人　80歳でボケない人
フレディ松川　はっきり見えたボケの入口　ボケの出口

フレディ松川　わが子の才能を伸ばす親　つぶす親
フレディ松川　不安を晴らす3つの処方箋　認知症外来の午後
松樹剛史　ジョッキー
松樹剛史　スポーツドクター
松樹剛史　GO-ONE
松樹剛史　エアエイジ
松澤くれは　りさ子のガチ恋♡俳優沼
松澤くれは　鷗外パイセン非リア文豪記
松永多佳倫　沖縄を変えた男　栽弘義―高校野球に捧げた生涯
松永多佳倫　偏差値70からの甲子園　僕たちは野球も学業も頂点を目指す
松永多佳倫　偏差値70の甲子園　僕たちは文武両道で東大も目指す
松永天馬　少女か小説か
松本侑子　花の寝床
モンゴメリ　松本侑子・訳　赤毛のアン
モンゴメリ　松本侑子・訳　アンの青春
モンゴメリ　松本侑子・訳　アンの愛情

集英社文庫　目録（日本文学）

丸谷才一　星のあひびき
丸谷才一　別れの挨拶
麻耶雄嵩　メルカトルと美袋《みなぎ》のための殺人
麻耶雄嵩　貴族探偵
麻耶雄嵩　あいにくの雨で
麻耶雄嵩　貴族探偵対女探偵
眉村卓　僕と妻の1778話
まんしゅうきつこ　まんしゅう家の憂鬱
三浦綾子　裁きの家
三浦綾子　残像
三浦綾子　石の森
三浦綾子　ちいろば先生物語(上)(下)
三浦綾子　明日のあなたへ 愛するとは許すこと
みうらじゅん　とんまつりJAPAN 日本全国とんまな祭りガイド
みうらじゅん 宮藤官九郎　どうして人はキスをしたくなるんだろう?
三浦しをん　光

三浦英之　五色の虹 満州建国大学卒業生たちの戦後
三浦英之　南三陸日記
三浦英之　水が消えた大河で ルポJR東日本・信濃川不正取水事件
三木卓　柴笛と地図
三崎亜記　となり町戦争
三崎亜記　バスジャック
三崎亜記　失われた町
三崎亜記　鼓笛隊の襲来
三崎亜記　廃墟建築士
三崎亜記　逆回りのお散歩
三崎亜記　手のひらの幻獣
水上勉　故郷
水上勉　働くことと生きること
水谷竹秀　日本を捨てた男たち フィリピンに生きる「困窮邦人」
水谷竹秀　だから、居場所が欲しかった。 バンコク、コールセンターで働く日本人
水野宗徳　さよなら、アルマ 戦場に送られた犬の物語

未須本有生　ファースト・エンジン
水森サトリ　でかい月だな
三田誠広　いちご同盟
三田誠広　春のソナタ
三田誠広　永遠の放課後
道尾秀介　光媒の花
道尾秀介　鏡の花
三津田信三　怪談のテープ起こし
美奈川護　ギンカムロ
美奈川護　弾丸スタントヒーローズ
美奈川護　はしたかの鈴 法師陰陽師異聞
湊かなえ　白ゆき姫殺人事件
湊かなえ　ユートピア
宮尾登美子　影絵
宮尾登美子　朱夏(上)(下)
宮尾登美子　天涯の花

集英社文庫

偏差値《へんさち》70の甲子園《こうしえん》　僕《ぼく》たちは文武両道《ぶんぶりょうどう》で東大《とうだい》も目指《めざ》す

2020年4月25日　第1刷　　定価はカバーに表示してあります。

著　者　松永多佳倫《まつながたかりん》

発行者　徳永　真

発行所　株式会社 集英社

東京都千代田区一ツ橋2-5-10　〒101-8050

電話　【編集部】03-3230-6095

【読者係】03-3230-6080

【販売部】03-3230-6393（書店専用）

印　刷　株式会社 廣済堂

製　本　株式会社 廣済堂

フォーマットデザイン　アリヤマデザインストア　　マークデザイン　居山浩二

ISBN978-4-08-744103-1 C0195